Inés Hermann

BABY- & KINDERPFLEGE

NATÜRLICH SELBST GEMACHT

READ
GLOBAL
BUY
LOCAL

ISBN 978-3-99025-251-2
© 2016 Freya Verlag GmbH
Alle Rechte vorbehalten
A-4020 Linz
www.freya.at

Layout: freya_art, Christina Diwold
Lektorat: Dorothea Forster
Bildmaterial: Dr. Marc Hermann, Wolf Ruzicka, Christina Diwold
@ Shutterstock: CPdesign, Tukaram Karve, lenaalyonushka,
Victoria Novak, Ekaterina Gerasimova, altanaka, Aleks Melnik,
FuzzyLogicKate, Tatiana Bobkova, NadineVeresk, Daniela Barreto
@ Fotolia: Elenathewise, HLPhoto, yemelianova, katyau, oly5, rafo,
B. and E. Dudziński

printed in EU

Auch als
eBook
erhältlich

Inés Hermann

BABY- & KINDERPFLEGE

NATÜRLICH
SELBST GEMACHT

freya

INHALT

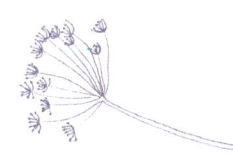

Einleitung

VORWORT

Dieses Buch widmet sich der Zubereitung von hausgemachter Naturkosmetik, die speziell für die Bedürfnisse von Säuglingen und Kindern entwickelt wurde. Für die Baby- und Kinderpflege ist eine besonders gute Hautverträglichkeit der kosmetischen Produkte von grundlegender Bedeutung.

Leider findet sich in den konventionellen Babypflegeprodukten immer noch eine Vielzahl an bedenklichen Inhaltsstoffen, zum Beispiel Erdölprodukte wie Paraffine, Stearine und Silikone, PEG/PEG-Derivate, problematische Farb- und Duftstoffe sowie fragwürdige Konservierungsstoffe.

Die hier vorgestellten Rezepte zeigen, wie einfach Pflegeprodukte aus natürlichen Rohstoffen, Kräutern und hochwertigen Pflanzenölen selbst hergestellt werden können, sodass sie auch Einsteigern mit geringem Aufwand mühelos gelingen.

HAUSGEMACHTE NATURKOSMETIK FÜR BABIES UND KINDER

Bienen-
wachs

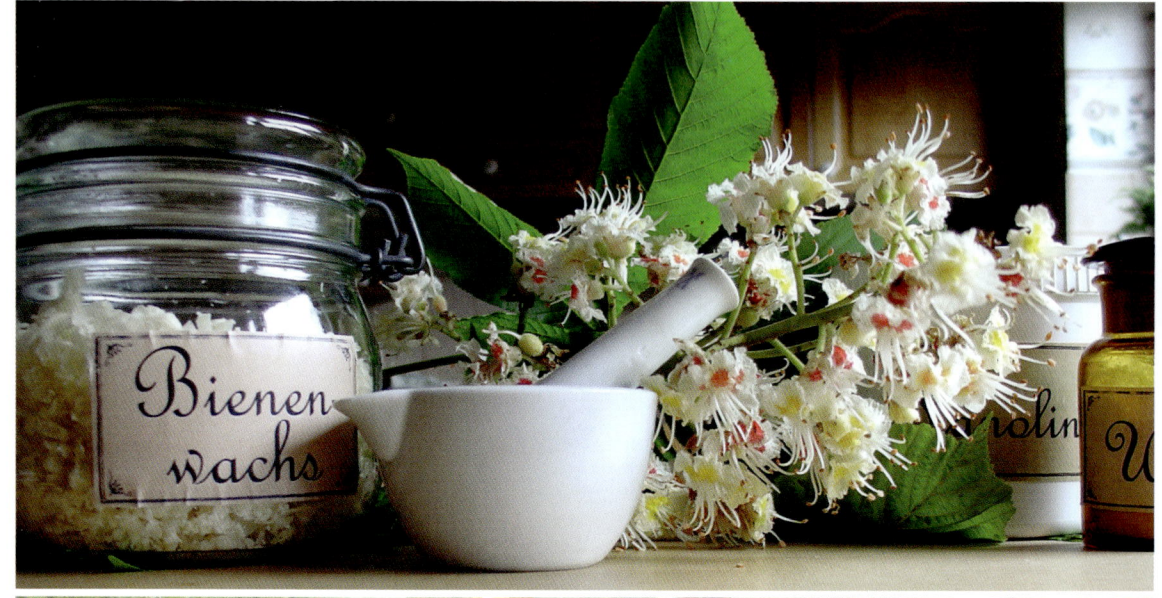

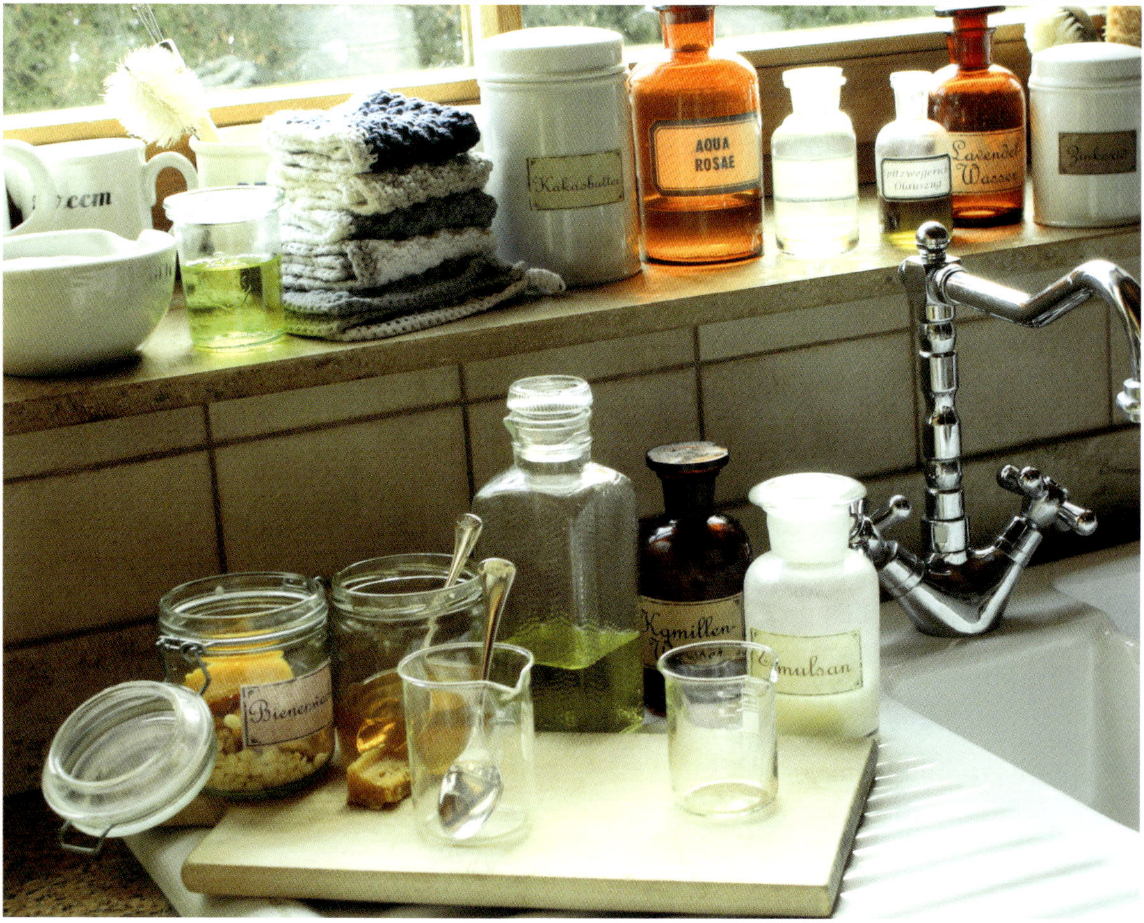
Kakaobutter
AQUA
ROSAE
Lavendel-
Wasser
Zinkoxid

MEIN WEG ZUR SELBST GEMACHTEN NATURKOSMETIK

Für mich ist die Herstellung von Naturkosmetik eigentlich kein Hobby, sondern ein Teil meiner Lebensführung. Als kritischer Verbraucher versuche ich unseren Haushalt von ungesunden und überflüssigen Produkten freizuhalten.

Doch aller Anfang war schwer. Als ich 1982 meinen eigenen Haushalt gründete, war vor allem kraftvolle Hygiene gefragt. Chemische Keulen, die ohne großen Aufwand nicht nur den Schmutz, sondern auch Bakterien und hartnäckige Verkrustungen bekämpften. Mit Chlor und Phenol als Inhaltsstoffen sorgten sie nicht nur für porentiefe Sauberkeit, sondern auch für spektakuläre Haushaltsunfälle. Das achtlose Mischen der Reiniger ließ im Eifer des Gefechts gegen Krankheitskeime Kampfgas aus den Toiletten strömen. Die Wäsche war weißer als weiß und nicht nur sauber, sondern rein. Wer keinen Weichspüler verwendete, dem erschien das schlechte Gewissen.

Da stand ich ganz schön verlassen da mit meinem Eimer Schmierseife und einer Flasche Essigessenz. Dabei wollte ich doch nur die unglaublich verschmutzten Gewässer entlasten. Durch meine Heimatstadt Aalen floss eine stinkende Kloake, weil sowohl Industrie- als auch Haushaltsabwässer ungeklärt in die Flüsse geleitet wurden.

DAS MÜLLPROBLEM

Parallel dazu entwickelte sich ein weiteres Problem: Der steigende Konsum ließ die Müllberge anwachsen. Wertvolle Rohstoffe wurden mit viel Energie zu Wegwerfartikeln oder Verpackungen verarbeitet. Leider hält diese Entwicklung immer noch, wenn auch in geringerem Ausmaß, an, darüber kann selbst das Recycling nicht hinwegtäuschen. Um meinen Beitrag zur Müllvermeidung zu leisten, habe ich es mir zur Gewohnheit gemacht, mein eigenes Kaufverhalten immer wieder kritisch zu überdenken.

Ich musste meine Verweigerungshaltung gegenüber dem gängigen Konsumverhalten immer wieder begründen. Es war mühselig zu erklären, dass der Ursprung meiner sparsamen Lebensführung weder Geiz noch Armut sind. Immer wieder musste ich mir anhören, dass meine Bemühungen nur ein Tropfen auf den heißen Stein sind. „Was willst du schon ausrichten? – Du änderst die Welt doch auch nicht!"

1983 wurde mein erster Sohn geboren. Die damals seit zehn Jahren auf dem deutschen Markt eingeführten Wegwerf-Windeln hatten sich fest etabliert. Ich entschied mich für eine Kombination von Stoffwindeln und Wegwerf-Windeln. Im Jahr darauf wurde mein zweiter Sohn geboren. Um das enorme Müllaufkommen von zwei Wickelkindern in den Griff zu bekommen, habe ich meinen Ältesten im Haus und im Garten ohne Windeln laufen lassen. Er genoss diese Freiheit und auch mein Zweitältester wollte mit knapp 18 Monaten keine Windel mehr tragen.

WAS IST WIRKLICH DRIN?

Im Krankenhaus erhielt ich zur Geburt meines Ältesten eine Probedose Babywundcreme geschenkt. Diese hatte ich nur selten verwendet, da meine Söhne nie wund im Windelbereich waren. Erst 1986 nach der Geburt meines dritten Sohnes fiel mir die Creme wieder in die Hände und ich wollte sie durch eine neue ersetzen. Doch ein Blick in die Dose zeigte keine Anzeichen von Verfall. Die Creme war noch frisch, als wäre die Dose gerade erst geöffnet worden. Es interessierte mich sehr, warum diese Creme selbst bei unsachgemäßer Lagerung immer noch frisch erschien. Der Blick auf die Inhaltsstoffe war da auch nicht aufschlussreich, denn unter dem Inhaltsstoff Petrolatum konnte ich mir überhaupt nichts vorstellen. Selbstverständlich fiel mir die Wortverwandtheit zu Petroleum auf, doch warum sollte ein Brennstoff in der Creme sein? Der Gedanke, dass Erdöl in Tiegel verkauft wird, um damit die Haut einzucremen, erschien mir völlig abwegig. Auf einer anderen Dose stand: „ohne Konservierungsstoffe, ohne Wasser". Das hört sich doch gut an. Selbst der Hauptinhaltsstoff Vaselinum album klingt auf Anhieb gesund, denn Vaseline ist doch ein bewährtes Hautschutzmittel. Erst der örtliche Apotheker konnte mir dann bestätigen, dass Vaseline tatsächlich ein Nebenprodukt der Erdölraffination ist. Die einzige Alternative, die er mir anbieten konnte, war Lanolin als Salbengrundlage. Die dann von mir hergestellten Salben aus Lanolin, Bienenwachs, Honig und

Kräutern konnten sehr gut für die Pflege des Windelbereichs und als Wundsalben verwendet werden, jedoch waren sie schwer aufzutragen. Eine echte Creme für Gesicht, Hände und Körper konnte ich nicht herstellen.

DO-IT-YOURSELF: MACH ES SELBST!

Die erste brauchbare Alternative zu konventioneller Kosmetik stellte dann die „Hobbythek" im Jahr 1987 vor, eine Sendung, die ich nie versäumte. Da ich damals wie heute keinen Fernseher besitze, besuchte ich immer meine Großmutter, um mit ihr gemeinsam den Pionier des Do-it-yourself, Jean Pütz, zu sehen. Durch seine Sendung über Kosmetik zum Selbermachen und dem nachfolgenden Buch war ich endlich in der Lage, sämtliche Körperpflegeprodukte selbst herzustellen. Sein Buch „Cremes und sanfte Seifen" nehme ich noch heute als Nachschlagewerk zur Hand. Der Aufbau und die Funktion der Haut sind darin so umfassend beschrieben, dass ich die Zusammenhänge gut erkennen konnte.

Als 1988 mein vierter Sohn zur Welt kam, gab es in unserem Haushalt nur noch selbst gerührte gute Körperpflegeprodukte, selbst gemachtes Joghurt, umweltfreundliche und teilweise selbst hergestellte Putzmittel. Alle Hobbythek-Zutaten konnte ich schon damals im örtlichen Öko-Laden kaufen.

In meiner Anfangszeit habe ich mich vorsichtig an die Herstellung und Zusammensetzung der Zutaten herangetastet, neue Rezepte entwickelt und den Ablauf optimiert. Damals habe ich mich schon gefragt, ob ich irgendwann wieder auf gekaufte Produkte zurückgreifen werde. Doch das Gegenteil trat ein: Die Fülle der Möglichkeiten sind selbst heute noch nicht ausgeschöpft. Zwischenzeitlich sind über das Internet neue Bezugsquellen verfügbar, die eine ständig wachsende Palette an natürlichen Rohstoffen anbieten können.

SCHLUSS MIT SEICHTEN
WERBEVERSPRECHEN

Im Jahr 2005 wurde dann als „Nachzügler" mein fünfter Sohn geboren. Das war der Anlass, dass ich mich mit den gängigen Babypflegeprodukten wieder auseinandersetzte. Ich entdeckte erfreut, dass es zwischenzeitlich gut tragbare und waschbare Höschenwindeln gibt. Jedoch fiel mir auch auf, dass sich die Rezepturen konventioneller Babykosmetik in keiner Weise verbessert hatten. Im Gegenteil; die unentbehrlichen Feuchttücher sind allgegenwärtig. So praktisch in der Anwendung und danach in den Müll. Was da auf Babys Haut bleibt, interessiert nur wenige.

Auch der sich immer weiter expandierende Markt für Kosmetikprodukte kennt keine Grenzen. Egal ob Rasierschaum aus der Dose, Intimspray oder feuchtes Toilettenpapier – ständig erobern neue Geschäftsideen den Markt. Mit geschickten, inhaltslosen Versprechen von jugendlich straffer Haut werden teure Cremen mit billigen Inhaltsstoffen verkauft. Die preiswerte Grundlage aller konventionell hergestellten Kosmetikprodukte sind nach wie vor Mineralöle. Das war für mich der Anlass, meine Elternzeit zu nutzen und an der heimischen Volkshochschule die Naturkosmetikwerkstatt anzubieten. Hier konnte ich interessierten

Teilnehmern zeigen, wie leicht gesunde Kosmetik selbst hergestellt werden kann. Während in den ersten Jahren die Teilnehmer entsetzt waren, wenn ich ihnen die Bedeutung der Deklaration erklärte, begegnen mir heute aufgeklärte Verbraucher, die einen Weg aus der Konsumabhängigkeit suchen.

Ich habe mir Gedanken gemacht, wie es dazu kommen konnte, dass Kosmetik über Jahrzehnte so kritiklos verwendet wurde. Die Inhaltsstoffe werden bereits seit Jahrzehnten deklariert, jedoch wissen nur wenige, was sich hinter den Namen verbirgt. Warum wurden alle Artikel, egal ob Shampoo, Lippenpflegestifte, Duschmittel, Cremen oder Lotionen, von so wenigen Menschen selbst hergestellt? Vermutlich deswegen, weil diese Produkte grundsätzlich ihren Ursprung in den Laboren von Chemikern hatten. Alle Fertigprodukte, wie Marmelade, Nudeln, Kartoffelpüree und viele mehr, wurden früher in der heimischen Küche hergestellt. Der Kauf dieser Produkte war immer nur eine zeitsparende Alternative. Wenn ich beim Beispiel der Marmelade bleibe, dann fällt mir auf, dass diese als Kaufprodukt immer nur ein Ersatz für das hausgemachte Ursprungsprodukt ist. Der Verbraucher weiß, dass in selbst gemachter Marmelade viel weniger Zucker ist und sie auch besser schmeckt. Jedoch kann sich jeder entscheiden, ob er selbst welche herstellen möchte oder einfach eine kauft. Ebenso kann man einen Kuchen backen, beim Bäcker kaufen oder einen abgepackten Kuchen im Supermarkt erstehen. Diese Alternative hatte man bei Kosmetikprodukten nie wirklich. Man kannte nur das, was die Industrie uns seit gut 100 Jahren anbietet. 1911 wurde die erste stabile Creme entwickelt, die noch heute in fast unveränderter Rezeptur eine sanfte Haut verspricht. Doch 100 Jahre sind meiner Meinung nach genug! Schluss mit seichten Werbeversprechen. Ob in der Creme wirklich keine Konservierungsstoffe sind, durchschaut man leicht, wenn man einen Blick auf die Inhaltsstoffe wirft. Fotos von Kräutern auf Shampooflaschen suggerieren pflanzliche Inhaltsstoffe, die für die Herstellung gar nicht verwendet werden.

Heute wissen wir, dass die Kosmetikindustrie unser Vertrauen nicht verdient hat. Wenn Sie sich und Ihre Familie vor gefährlicher Chemie aus Cremetiegeln und Shampooflaschen schützen wollen, dann sollten Sie Ihre Körperpflegeprodukte selbst herstellen. Heimische Kosmetikherstellung ist längst kein preiswerter Ersatz mehr, sondern die gesündere, bessere Wahl. Aus langjähriger Erfahrung kann ich Ihnen sagen, dass sich eine gesunde Lebensführung auszahlt, auch

wenn hochwertige Nahrungsmittel auf den ersten Blick teurer sind. Ich bin jetzt Mitte 50, habe noch nie Übergewicht gehabt und bin noch nie ernsthaft erkrankt. Meine Haut ist sicher nicht mehr so straff wie vor 20 Jahren, jedoch gesund, rein und fast faltenfrei. Mein einstmals blondes Haar hat nun silberne Strähnen. Selbst gerührte Shampoos und Kräuterspülungen lassen es lebendig glänzen.

Ermöglichen Sie Ihrem Baby ein Leben ohne Allergien und beugen Sie dem durch gesunde Hautpflege vor. Diese Bitte richtet sich selbstverständlich nicht nur an die Mütter, sondern auch an die Väter. Meine Kurse werden auch von Männern besucht, zwar ist der Anteil geringer, aber

ihre Beweggründe, die Kurse zu besuchen, sind umso interessanter. Während Frauen keinen bestimmten Anlass brauchen, um an einer Kosmetikwerkstatt teilzunehmen, haben die Männer immer einen ganz speziellen Grund. Zu Beginn des Kurses befrage ich die Teilnehmer, was sie von dem Kurs erwarten und warum sie ihn besuchen. Viele Frauen begleiten eine Freundin oder Verwandte, finden das Thema interessant und möchten sich auch gerne in die Kosmetikherstellung einarbeiten. Einige haben jedoch ganz spezielle Probleme und Wünsche, auf die ich während des Kurses eingehe. Männer haben immer ein ganz persönliches Interesse, oft ist dies mit einem Ereignis verbunden. Sie haben auch ganz klare Vorstellungen, sind schon in das Thema eingelesen und gehen analytisch vor. Ich kann sicher sein, dass sie das Erlernte nach dem Kurs anwenden werden. Rückblickend erinnere ich mich an jeden männlichen Teilnehmer, weil ihre Geschichten sehr interessant waren. Für den einen war der Kurs ein weiterer Schritt in ein autarkes Leben, für einen anderen der Versuch, eine schlimme Allergie in den Griff zu bekommen. Auslöser für diese Allergie war ein neues, ungewaschenes Shirt, das er sich nach dem Sport angezogen hatte. Er wusste bis dahin nicht, dass importierte Kleidung für den langen Transport gegen Pilz- und Insektenbefall

mit Chemikalien behandelt wird. Diese giftigen Stoffe drangen in die frisch gereinigte Haut ein und verursachten so starke Hautreizungen, dass er die Notaufnahme aufsuchen musste. Nach der Behandlung ging der Ausschlag zwar zurück, trat jedoch in abgeschwächter Form immer wieder auf. Dies war dann der Anlass dafür, dass sich dieser junge Mann näher mit Chemie in Kleidung, Waschmitteln und Kosmetik beschäftigte und seine Lebensweise radikal umstellte.

Es ist Elternsache, die Haut des Kindes zu pflegen, und ich glaube, es wird Ihnen auch sicher Spaß machen, die Produkte gemeinsam herzustellen.

DIE ZARTE BABYHAUT

Sinnesorgan und Schutzhülle

Unsere Haut ist das Sinnesorgan für das Berührungs-, Tast-, Temperatur- und Schmerzempfinden. Während sich die anderen Sinne erst ausprägen, spürt das Neugeborene sofort Wärme und Kälte und reagiert auf sanfte Liebkosungen und zärtliches Streicheln.

Die Haut ist das größte Organ des Menschen. Sie umhüllt unseren Körper und ist der Schutzmantel, der die Barriere zwischen außen und innen und die direkte Berührungsfläche mit der äußeren Welt darstellt. Sie schützt den Organismus vor dem Eindringen von Krankheitserregern, flüssigen und festen Fremdsubstanzen.

Nach der Geburt verlässt das Baby die schützende Hülle des Mutterleibs und nun muss die Haut ihre lebenswichtige Aufgabe als Schutzhülle vor schädlichen äußeren Einflüssen übernehmen.

Da die Talg- und Schweißdrüsen noch nicht vollständig entwickelt sind, ist der Hydro-Lipidmantel (Säureschutzmantel) bei Babys noch nicht stabil, weshalb ihre Haut sehr schnell austrocknet.

Die Haut eines Neugeborenen ist viel dünner als die eines Erwachsenen, da die Hornschichtzellen noch nicht gänzlich gebildet wurden. Daher ist sie auch viel reizempfindlicher.

Bei jeder Verwendung von Wasser, Seife und Reinigungsmitteln lässt der noch unterentwickelte natürliche Hautschutz nach und es dauert längere Zeit, bis er sich wieder aufgebaut hat. Krankheitserreger und Keime können darum leichter in die Haut eindringen.

Die noch dünne Haut und das noch nicht vollständig entwickelte Unterhautfettgewebe führen dazu, dass Babys schnell auskühlen.

HELFEN SIE IHREM
BABY, DAMIT ES SICH
WOHL IN SEINER HAUT
FÜHLT

Anders als bei Erwachsenen reagiert die Babyhaut auch äußerst empfindlich auf direkte Sonneneinstrahlung, da noch sehr wenige dunkle Farbpigmente gebildet wurden. Schützen Sie Ihr Kind mit heller, leichter Kleidung aus Naturmaterialien, die alle Körperteile gut bedeckt. Achten Sie darauf, dass Ihr Baby im Schatten ist.

Rohstoffe

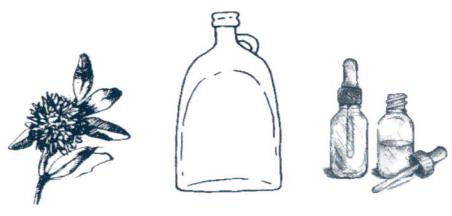

AUSGESUCHTE ROHSTOFFE

für die hautschonende Pflege zarter Haut

Die Babyhaut ist noch nicht so dick und so widerstandsfähig wie die Haut von Erwachsenen, daher benötigt sie eine besonders milde Pflege. Eine sorgfältige Auswahl der Rohstoffe ist wichtig, um Irritationen an Haut und Schleimhäuten zu verhindern. Die Auswahl der hier aufgeführten Rohstoffe ist bewusst sehr übersichtlich gehalten, um so den Einstieg in die Selbstherstellung zu erleichtern.

Kräuter

Ausgewählte sanfte Heilpflanzen unterstützen die natürlichen Hautfunktionen der zarten Babyhaut und lindern bereits aufgetretene Beschwerden.

Hier möchte ich ein paar heilkräftige Pflanzen vorstellen, die besonders günstige Eigenschaften für die äußere Anwendung in der Säuglings- und Kleinkinderpflege aufweisen.

Die Auswahl ist bewusst sehr klein gehalten, da viele Heilpflanzen durchblutungsfördernde Eigenschaften haben, die jedoch hier nicht gewollt sind.

» 1

1. ALOE VERA

Aloe Vera fördert die Wundheilung, beruhigt die Haut und lindert Juckreiz.

2. FENCHEL

Fenchel wirkt entspannend, entzündungshemmend und beruhigt die Haut.

» 2

3. HAMAMELIS

Hamameliswasser wirkt adstringierend, entzündungshemmend, kühlend und desinfizierend.

» 3

4. JOHANNISKRAUT

Johanniskrautwasser unterstützt die Heilung der Haut bei Sonnenbrand und Hautausschlägen.

5. KAMILLE

Kamille hilft gegen entzündete, raue und spröde Haut. Es unterstützt die Hautregeneration, nachdem diese der Sonne ausgesetzt war.

» 4

» 5

6. LAVENDEL

Lavendel reinigt und beruhigt die Haut. Zudem hilft Lavendel, Schlafstörungen zu lindern.

» 6

7. RINGELBLUME

Ringelblume wirkt beruhigend und fördert die Wundheilung.

» 7

8. SALBEI

Salbei fördert die Wundheilung und beruhigt die Haut. Er ist entzündungshemmend, wirkt antibakteriell und fungizid (pilzabtötend).

» 8

9. SPITZWEGERICH

Der Spitzwegerich wirkt antibiotisch und schützt bei Verletzungen vor Infektionen.

» 9

10. THYMIAN

Thymian hilft gegen schlecht heilende und entzündete Wunden sowie Ekzeme. Zudem wirkt Thymian entkrampfend. Das in der Pflanze enthaltene ätherische Öl ist antiseptisch und löst zähen Schleim in den Bronchien.

» 10

Pflanzenöle

Wertvolle Pflanzenöle unterstützen die zarte Haut des Babys darin, ihre wichtige Aufgabe als Schutzhülle des Körpers, als Sinnesorgan und Wärmeregulator zu erfüllen. Pflanzenöle enthalten jede Menge essentielle Fettsäuren, Vitamine und andere wertvolle Wirkstoffe, die die Haut ernähren und sie elastisch und durchlässig halten.

Sie fördern den Zellaufbau und helfen mit, dass die Feuchtigkeitsregulierung der Haut erhalten bleibt. Sie können bis in die tieferen Hautschichten vordringen und dadurch die Haut auch zur Selbsthilfe aktivieren.

Es ist wichtig, darauf zu achten, dass die Pflanzenöle nicht raffiniert, sondern kalt gepresst sind. Raffinierte Öle sind zwar länger haltbar als kalt gepresste, haben durch ihre Behandlung mit Hitze und Chemikalien aber wertvolle Mineralien und Vitamine verloren. Durch die Hitzebehandlung wandeln sich zudem Fettsäuren teilweise in Trans-Fettsäuren um, die die Funktionstüchtigkeit der Zellen herabsetzen.

APRIKOSENKERNÖL

Aprikosenkernöl hat eine sehr ähnliche Zusammensetzung wie Mandelöl, da beide Bäume eng miteinander verwandt sind. Das Öl duftet auch leicht nach Mandeln. Aprikosenkernöl hat einen sehr hohen Anteil an einfach ungesättigten Fettsäuren. Wegen seines hohen Gehalts an Vitamin E, B-Vitaminen und essentiellen Fettsäuren gilt es als äußerst hochwertig. Emulsionen aus Aprikosenkernöl werden sehr leicht, lassen sich gut verteilen, ziehen schnell ein und spenden viel Feuchtigkeit.

JOJOBAÖL

Jojobaöl ist eigentlich ein Wachs. Durch seine günstige Fettsäurenzusammensetzung pflegt, schützt und glättet es die Haut. Jojobaöl hält die Feuchtigkeit in der Haut, ist stark rückfettend und lindert den Juckreiz bei extrem trockener Haut. Zudem ist es entzündungshemmend, schmiert nicht und zeichnet sich durch eine außergewöhnlich gute Verträglichkeit aus, was es für jeden Hauttyp geeignet macht. Jojobaöl enthält viel Vitamin A und Vitamin E und verfügt über einen natürlichen Sonnenschutzfaktor. In Emulsionen ist es ein natürlicher Emulgator.

KAKAOBUTTER

MANDELÖL

Mandelöl ist sehr mild und hat einen hohen Anteil an einfach ungesättigten Fettsäuren. Wegen seinem hohen Gehalt an Vitamin E, B-Vitaminen und essentiellen Fettsäuren gilt es als äußerst hochwertig. Emulsionen aus Mandelöl werden sehr leicht, lassen sich gut verteilen, ziehen schnell ein und spenden Feuchtigkeit.

KAKAOBUTTER

Der Inhaltsstoff Cocoheal verleiht der Kakaobutter wachstumsfördernde Eigenschaften. Dieser unterstützt die Wundheilung und wirkt antibakteriell. Kakaobutter ist ideal bei trockener, strapazierter Haut und macht diese weich.

KOKOSNUSSÖL

Kokosnussöl dringt sehr tief in die Haut ein und weicht so auch Hornhaut auf. Es schützt die Haut vor Feuchtigkeitsverlust und besitzt hervorragende Pflegeeigenschaften. Es dringt nur langsam in die Haut ein und fettet dadurch sehr gut nach. Für die Kosmetikherstellung sollte unraffiniertes Kokosöl bevorzugt werden. Dieses ist nicht nur wertvoller, sondern weist den feinen, typischen Kokosduft auf, der bei der raffinierten Qualität fast völlig fehlt.

OLIVENÖL

Nicht nur in der Küche findet Olivenöl seinen berechtigten Einsatz, sondern auch in der Kosmetik stellt es eine Kostbarkeit dar. Bereits seit der Antike wusste man das hochwertige Öl zur Ganzkörperpflege zu schätzen. Die besondere Verträglichkeit bei fast jedem Hauttyp liegt in der günstigen Fettsäurezusammensetzung begründet, die der des körpereigenen Unterfettgewebes sehr nahe kommt. Durch das Anwenden von Olivenöl wird die Haut also weder mit Fettanteilen überladen, noch kann es einen Mangel zur Folge haben. Als natürliches Antioxidant begünstigt es eine kontinuierliche Zellerneuerung, wodurch ein klareres Hautbild und damit auch ein frischeres Aussehen erreicht wird. Es enthält zudem einen natürlichen Sonnenschutzfaktor. Olivenöl nährt und heilt die Haut nach Sonnenbrand und Hautreizungen.

PFIRSICHKERNÖL

Pfirsichkernöl ist dem Mandel- und Aprikosenkernöl sehr ähnlich und duftet leicht nach Mandeln. Es ist mild, zieht sehr gut ein. Emulsionen aus Pfirsichkernöl werden sehr leicht, lassen sich gut verteilen und liegen nicht schwer auf der Haut auf. Pfirsichkernöl aktiviert den Hautstoffwechsel, beruhigt die Haut, speichert die Feuchtigkeit und glättet so die Haut.

SESAMÖL

Sesamöl zieht schnell ein, macht die Haut geschmeidig und hinterlässt ein angenehmes Hautgefühl. Insbesondere bei zu Trockenheit neigender Haut wird Sesamöl als angenehm und intensiv pflegend empfunden. Zudem besitzt es eine natürliche Lichtschutzwirkung.

SHEABUTTER ODER KARITÉ

Sheabutter besitzt sehr viele langkettige, ungesättigte Fettsäuren und hat einen hohen Anteil an unverseifbaren Bestandteilen. Durch den hohen Gehalt an Vitamin E, Karotin und Allantoin ist Sheabutter besonders hautpflegend. Allantoin fördert den Zellaufbau und die Zellbildung, dadurch wird der Heilungsprozess bei Wunden gefördert. Die feuchtigkeitsspendenden Eigenschaften der Sheabutter glätten die Haut und machen sie weich und zart.

SHEABUTTER

SESAMÖL

GRUNDREZEPT
zu Herstellung eines Ölauszugs

Bei einem Kräuter-Ölauszug, auch „Mazerat" genannt, werden die heil-
kräftigen Wirkstoffe der Kräuter im Öl gelöst. Dieses Öl ist eine hervorragende Grundlage für wertvolle Emulsionen. Ich verwende nie ganz frische Kräuter, sondern trockne sie immer leicht an, da Feuchtigkeit den
Ölauszug gerne schimmeln lässt.

GRUNDREZEPT ÖLAUSZUG

Zutaten
» *1 Handvoll getrockneter Blüten oder Blätter.*
  Für die Babypflege empfehle ich vor allem Anis,
  Fenchel, Johanniskraut, Lavendel und Ringelblume.
» *gutes Sesam- oder Mandelöl*

Zubereitung
1. Blüten in ein Glas geben, dabei immer kontrollieren, ob das Pflanzenmaterial und
   das Glas wirklich trocken sind. Mit dem Öl aufgießen, sodass alles bedeckt ist.
2. Das Glas verschließen und an einem warmen Ort, wie zum Beispiel dem Fensterbrett, für 3 bis 4 Wochen stehen lassen. Unbedingt darauf achten, dass sich kein
   Schimmel bildet! Dies kann passieren, wenn nicht alle Pflanzenteile mit Öl bedeckt sind.
3. Das Öl abseihen und in einem gut verschließbaren Glas dunkel und kühl aufbewahren. Bei sachgemäßer Lagerung ist das Öl etwa 1 Jahr haltbar. Das Glas sollte
   unbedingt mit dem Herstellungsdatum und der Inhaltsangabe beschriftet werden.

Flüssigkeiten

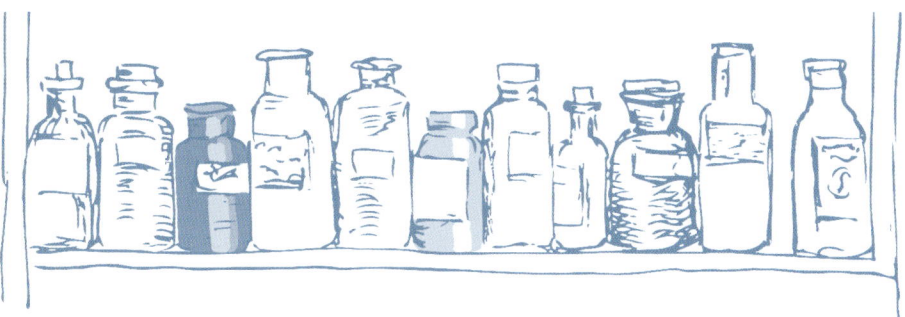

WASSER

Zur Herstellung von Naturkosmetik sollte nur destilliertes Wasser oder weiches, abgekochtes Regenwasser verwendet werden.

MILCH

Milch ist eine natürliche Emulsion und kann daher ohne weitere Zugabe eines Emulgators zu einer Creme weiterverarbeitet werden. Für die Kosmetikherstellung bevorzuge ich Ziegenmilch, da die darin vorhandenen Inhaltsstoffe dem natürlichen Säureschutzmantel unserer Haut entsprechen. So wird dieser in seiner Regeneration durch die Ziegenmilch unterstützt. Zudem spenden die enthaltenen Proteine der Haut viel Feuchtigkeit. Jedoch können auch Kuh-, Schaf-, Esel- oder Stutenmilch verwendet werden.

PFLANZENABKOCHUNG

Unter einer Abkochung versteht man einen wässrigen Pflanzenauszug, bei dem die Kräuter mit kaltem Wasser angesetzt und zum Kochen gebracht werden. Diese Abkochung wird abgesiebt verwendet, um dann ihre Wirkstoffe in der selbst hergestellten Kosmetik zu entfalten.

KALTAUSZUG

Zur Herstellung eines Kaltauszuges werden die Pflanzenteile mit Wasser übergossen und einige Zeit bei Zimmertemperatur stehen gelassen. Wenn sich die Wirkstoffe der Kräuter im Wasser gelöst haben, wird der Kaltauszug abgesiebt, um eine Verunreinigung durch Schwebestoffe zu vermeiden.

FRISCHPFLANZENSAFT

Wie der Name schon sagt, wird der Frischpflanzensaft aus der frischen Pflanze gewonnen. Hierzu werden die Pflanzenteile ausgepresst.

Frischpflanzensaft verdirbt schnell und sollte entweder zügig verbraucht oder durch Erhitzen haltbar gemacht werden.

Für die Herstellung von Babykosmetik bevorzuge ich Aloe-Vera-Gel. Dieses wirkt nachweislich entzündungshemmend und lindert Juckreiz. Beim Kauf sollte unbedingt darauf geachtet werden, dass es sich um 100 % reines, unkonserviertes Aloe-Vera-Gel handelt!

BLÜTENWASSER ODER HYDROLATE

Die Emulsion wird zusätzlich mit Wirkstoffen angereichert, wenn für die Wasserphase ganz oder teilweise Blütenwasser (Hydrolate), verwendet werden.

Hydrolate fallen als Nebenprodukt bei der Herstellung von ätherischen Ölen durch Wasserdampfdestillation von Blüten, Kräutern und Wurzeln an. Dazu wird das Pflanzenmaterial in einen Kessel geschichtet und heißer Wasserdampf eingeblasen, der das ätherische Öl aus der Pflanze löst. Das Kondenswasser wird über ein Kühlsystem geleitet und in einem Behälter gesammelt. Dieses Wasser-Öl-Gemisch trennt sich wieder. Das ätherische Öl schwimmt oben und kann abgeschöpft werden. Zurück bleibt das duftende Pflanzenwasser. Neben einem geringen Teil ätherischer Öle enthält es insbesondere die wasserlöslichen Pflanzeninhaltsstoffe. (*Näheres zur Herstellung von Hydrolaten finden Sie in dem Buch „Ingrid Kleindienst-John: Hydrolate, Sanfte Helfer aus Pflanzenwasser, Freya Verlag GmbH.*)

Hier möchte ich einige ausgewählte Hydrolate nennen, die besonders günstige Eigenschaften für die Pflege der zarten Babyhaut aufweisen: Fenchelwasser, Hamameliswasser, Kamillenwasser und Lavendelwasser.

HIER GEHT´S ZUM GRUNDREZEPT FÜR WIRKSTOFFWASSER

GRUNDREZEPT
zu Herstellung eines Wirkstoffwassers

GRUND-
REZEPT

Alles, was man dazu benötigt, sind frische oder getrocknete Kräuter und eine ungebrauchte Espressokanne. Das Ergebnis ist zwar kein echtes Hydrolat, jedoch erhält man ein kräftiges Pflanzenwirkstoffwasser.

GRUNDREZEPT WIRKSTOFFWASSER

Zutaten
» *frische oder getrocknete Kräuter*
» *eine ungebrauchte Espressokanne*

Zubereitung
1. In den unteren Teil der Kanne wird destilliertes Wasser eingefüllt.
2. Statt des Kaffees werden die Kräuter in das Sieb gedrückt.
3. Dann wird die Kanne zugeschraubt und das Ganze auf dem Herd erhitzt. Der aufsteigende Dampf entzieht den Kräutern die wasserlöslichen Wirkstoffe und ätherischen Öle. Diese gelangen mit dem Kondenswasser in den oberen Teil der Kanne und sammeln sich dort.
4. Das so gewonnene Wirkstoffwasser kann nun noch zwei- bis dreimal erneut in den unteren Teil der Kanne gefüllt werden. Das Sieb wird mit neuen Kräutern gefüllt und so wird das Wasser noch wirkstoffreicher.
5. Das Pflanzenwirkstoffwasser sollte vor dem Abfüllen in eine Flasche noch gefiltert werden, um die Schwebestoffe zu entfernen. Es sollte frisch verwendet werden, da sich bei längerer Lagerung Keime bilden.

Emulgatoren und Konsistenzgeber

Lotionen, Cremen und Salben sind Emulsionen, das heißt, Fett und Wasser müssen eine Verbindung eingehen. Gibt man etwas Öl ins Wasser, dann wird das Öl oben schwimmen und sich vom Wasser absetzen. Zur Herstellung und Stabilisierung einer Emulsion sind Emulgatoren notwendig. Sie vermitteln zwischen der Wasserphase und der Fettphase und ermöglichen eine homogene Emulsion.

Konsistenzgeber werden der Emulsion zugegeben, um diese fester und geschmeidiger zu machen. Sie enthalten zumeist weitere Pflegestoffe, Vitamine und sonstige Wirkstoffe, und so wird mit der gezielten Zugabe die Creme angereichert.

BIENENWACHS

Bienenwachs ist das natürliche Wachs, das von Bienen zum Bau ihrer Waben hergestellt wird. Als Kosmetikzutat ist Bienenwachs nicht nur ein stark härtender Konsistenzgeber, sondern hat auch eine leicht emulgierende Wirkung und unterstützt dadurch die Stabilität der Creme. Auf der Haut hinterlässt Bienenwachs einen ganz leichten Schutzfilm, der feuchtigkeitsbewahrend, pflegend und entzündungshemmend wirkt.

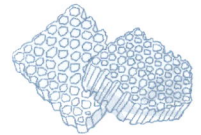

EMULSAN

Für die Herstellung von Babycremen- und -lotionen habe ich den klassischen Emulgator Emulsan gewählt. Emulsan ist ein Emulgator auf pflanzlicher Basis, der aus Palmitin- und Stearinsäure sowie Glucose hergestellt wird. Mit Emulsan erzeugte Emulsionen bleiben auch bei Temperaturschwankungen stabil. Sie lassen sich gut auf der Haut verteilen und erzeugen ein weiches, glattes Hautgefühl mit leicht filmbildenden Eigenschaften.

LANOLIN/WOLLWACHS

Lanolin ist das Sekret aus den Talgdrüsen von Schafen, das bei der Wäsche von Schafwolle gewonnen wird. Es schmilzt bei ungefähr 40° C. Es kann etwa die dreifache Menge seines Gewichts an Wasser emulgieren, das bedeutet, dass in 10 g Lanolin bis zu 30 g Wasser stabil eingearbeitet werden können.

Das Wollwachs besitzt sehr gute hautpflegende Eigenschaften, da es den transepidermalen Wasserhaushalt reguliert. So beschleunigt Lanolin die Wundheilung und wird deshalb für Wundsalben, Babycremen und Hautschutzsalben verwendet.

Da die Schafe nach der Schur durch ein Insektizidbad getrieben werden, um schmarotzende Insekten abzutöten, sollte beim Kauf auf den Vermerk „pestizidfrei" geachtet werden!

BIENENWACHS

EMULSAN

LANOLIN

Sanfte Tenside aus pflanzlichen Rohstoffen

Tenside sind waschaktive Substanzen, die in Waschmitteln, Spülmitteln und Shampoos enthalten sind, um Fett- und Schmutzpartikel, die in der Wäsche oder am Körper haften, in Wasser zu lösen. Sie setzen die Oberflächenspannung von Flüssigkeiten oder die Grenzflächenspannung zweier Phasen herab und ermöglichen so eine Verbindung von Stoffen, die sich sonst nicht oder nur schwer miteinander verbinden würden.

Für die Herstellung von Reinigungslotionen, Waschemulsionen und Shampoos habe ich hier zwei milde Tenside vorgestellt, die aus pflanzlichen Rohstoffen gewonnen werden.

COCO GLUCOSID

BETAIN

Coco Glucosid ist ein mildes, nichtionisches Zuckertensid, dessen pH-Wert deutlich im basischen Bereich liegt. Das reizfreie Tensid besitzt eine sehr gute Reinigungsleistung. Als alleiniges Tensid angewendet, weist es jedoch nur wenig Schaumbildung auf. In Verbindung mit anderen Tensiden verstärkt es aber dessen Schaumkraft. Coco Glucosid bindet sich gut an das Keratin von Haut und Haaren an und macht diese weich und glatt.

Die Bezeichnung Betain ist vom lateinischen Namen der Zuckerrübe, Beta vulgaris, abgeleitet. Betain ist ein Nebenprodukt der Zuckergewinnung. Das reizfreie Tensid schäumt gut und hat eine sehr hohe Reinigungsleistung. Betain eignet sich als mildes, feuchtigkeitsspendendes Tensid in Waschlotionen und Shampoos. Der pH-Wert liegt im neutralen Bereich.

Natürliche Wirkstoffe

Normalerweise kommt eine selbst gerührte Hautcreme auch ohne weitere Wirkstoffe aus. Sie erfüllt ihren Zweck, nämlich die Haut mit Fett und Feuchtigkeit zu versorgen. Der Einsatz von Hydrolaten in der Wasserphase sowie Ölauszügen in der Fettphase reichert die Emulsion bereits mit ausreichend Wirkstoffen an. Ich selbst verwende nur noch wenige Zusätze, nicht nur um die Verträglichkeit zu gewährleisten, sondern ich bin der Meinung, dass weniger oft mehr ist. Daher beschränke ich mich bei meinen Rezepten auf wenige, ausgesuchte Wirkstoffe.

HONIG

Honig ist für Kinder unter einem Jahr als Nahrungsmittel nicht geeignet, doch er ist ein wertvoller Wirkstoff für die Babyhaut.

Aufgrund seines hohen Anteils an Trauben- und Fruchtzucker bindet er Feuchtigkeit in der Haut und schützt sie so vor dem Austrocknen. Außerdem enthält er Vitamine und spezielle Eiweißverbindungen, wie sie auch als Kittsubstanzen in der Hautstruktur vorkommen. Zudem wirkt er antibakteriell. Er hat einen ähnlichen pH-Wert wie die Haut, so unterstützt Honig die Wundheilung und beruhigt die Haut.

Honig darf nicht über 35° C erwärmt werden. Bei höheren Temperaturen verliert er den größten Teil seiner wertvollen Inhaltsstoffe.

ZINKOXID

Zinkoxid (ZnO) ist eine chemische Verbindung aus Zink und Sauerstoff und als weißes Pulver in der Apotheke erhältlich. Es wirkt desinfizierend und antiseptisch. Zinkoxidhaltige Salben werden vor allem zur Vorbeugung und Behandlung von Windeldermatitis eingesetzt.

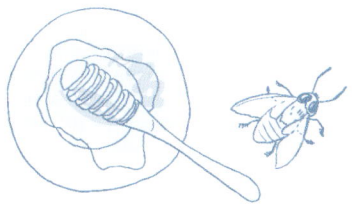

Ätherische Öle

Ätherische Öle sind hochkonzentrierte Pflanzenessenzen, die in den Öldrüsen der Pflanzen gebildet werden. Sie sind im Pflanzengewebe gespeichert und werden entweder durch Kaltpressung oder durch Wasserdampfdestillation gewonnen. Ätherische Öle können sich in den Blüten, Blättern, Samen, Fruchtschalen, Wurzeln, Harzen, Rinden oder im Holz befinden. Je nach Herkunftspflanze enthalten sie spezielle Duft- und Wirkstoffe.

Ätherische Öle unterscheiden sich von fetten Ölen (z. B. Olivenöl) dadurch, dass sie vollständig verdampfen, denn ätherisch bedeutet „flüchtig", „leicht verdampfend". Da sie auf Papier keinen charakteristischen „Fettfleck" hinterlassen, nennt man sie deshalb auch „trocknende Öle".

Der Begriff „ätherisches Öl" ist gesetzlich nicht geschützt und wird daher auch für synthetische Duftöle verwendet.

Beim Kauf sollte unbedingt darauf geachtet werden, dass es sich um naturbelassene und natürliche Öle handelt.

Echte ätherische Öle haben eine antibakterielle, manche sogar eine antimykotische Wirkung, was eine leichte, natürliche Konservierung der selbst gemachten Kosmetikprodukte bewirkt.

Ätherische Öle sollten besonders in der Baby- und Kleinkindpflege nur sehr sparsam verwendet werden, da sie haut- und schleimhautreizend sind.

Ätherisches Kampferöl, Menthol und Minzöle müssen unbedingt gemieden werden. Auch sind nur wenige ätherische Öle, die hier vorgestellt werden, für die Säuglingspflege geeignet.

1. ANIS

Das Anisöl wird aus den Samen der Anispflanze gewonnen. Diese gehört zu den Doldenblütlern und wurde auf Anweisung König Karl des Großen bereits im frühen Mittelalter angebaut und genutzt. Ätherisches Anisöl wirkt antibakteriell, entspannend, harntreibend, krampf- und schleimlösend.

» 1

» 2

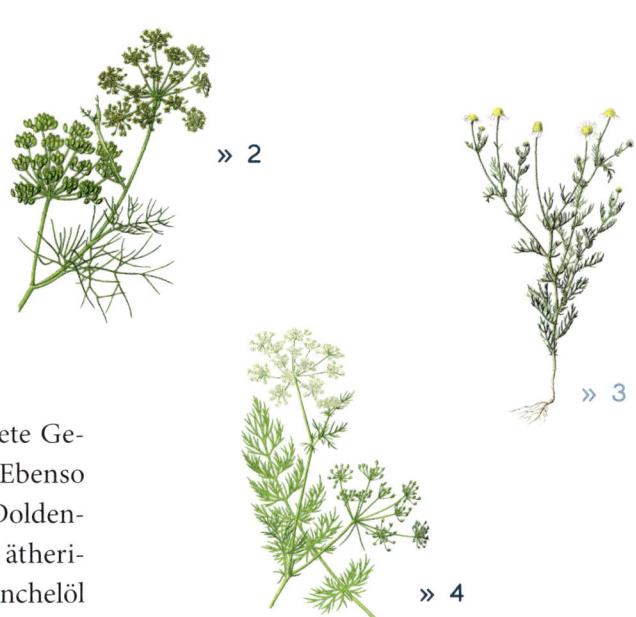

» 3

» 4

2. FENCHEL

Der Fenchel ist eine weit verbreitete Ge-
müse-, Heil- und Würzpflanze. Ebenso
wie der Anis gehört er zu den Doldenblütlern, aus den Samen wird das ätherische Öl gewonnen. Ätherisches Fenchelöl
wirkt antibakteriell, entspannend, harntreibend, krampf- und schleimlösend.

3. KAMILLE

Das ätherische Öl der Kamille wird durch
Wasserdampfdestillation aus den Blüten
gewonnen. Es wirkt vor allem reizlindernd und entzündungshemmend. Der
typische Duft ist entspannend und beruhigend.

4. KÜMMEL

Der Kümmel ist eine geschätzte Heil- und
Würzpflanze. Ebenso wie der Anis und
der Fenchel gehört er zu den Doldenblütlern, aus den Samen wird das ätherische
Öl gewonnen. Ätherisches Kümmelöl
wirkt antibakteriell, entspannend, harntreibend, krampf- und schleimlösend.

5. LAVENDEL

Bereits in der Antike wurden die Heil-
kräfte des Lavendels geschätzt und seine
antibakterielle Wirkung genutzt. Echtes
ätherisches Lavendelöl wirkt außerdem
entspannend, beruhigend, entzündungshemmend und weist auch eine gute
Hautverträglichkeit auf.

» 5

Was ich brauche

DIE ARBEITSGERÄTE

– **Feinwaage** zum Abwiegen der Ingredienzien.

– Zwei feuerfeste **Laborbechergläser**, diese können direkt auf die Herdplatte gestellt werden. Alternativ genügen auch gut gereinigte **Marmeladengläser**, die im Wasserbad erhitzt werden können. Ich verwende zum Erhitzen der Zutaten einen Babykostwärmer. Dieser ermöglicht mir eine schonende Erwärmung der Zutaten, ohne dass diese überhitzt werden.

– Mehrere **kleine Löffel** zum Entnehmen der Zutaten und zum Kaltrühren der Emulsion.

– Einen **Mini-Mixer** zum Einrühren der Wasser- und Fettphase

– **70 %igen Alkohol** zum Desinfizieren der Geräte, der Cremedosen und des Arbeitsplatzes.

70 %IGER ALKOHOL

FEINWAAGE

MINI-MIXER

KLEINE LÖFFEL

LABORBECHER ODER MARMELDADENGLÄSER

Tipps

PRAKTISCHE TIPPS
für die Herstellung

Eine gute Planung und Vorbereitung erleichtert die Arbeit.

– Nun wird der Arbeitsplatz vorbereitet. Ich breite immer ein sauberes Geschirrtuch aus und halte noch ein weiteres in Griffnähe bereit.

– Währenddessen erhitze ich das Wasser im Wasserkocher. Damit wasche ich alle Geräte, Utensilien und Behältnisse, um mögliche Rückstände zu entfernen.

– Anschließend lege ich alles auf das Geschirrtuch und besprühe es mit 70 % Alkohol. Der aufgesprühte Alkohol verfliegt sehr schnell und die Gerätschaften können nun trocknen.

– Zwischenzeitlich lese ich mir das Rezept in Ruhe durch und stelle mir die benötigten Zutaten bereit.

– Dann gründlich die Hände waschen und Waage einstellen.

– Nun können wir mit dem Salbenmischen beginnen.

EIN REZEPT BESTEHT AUS FETTPHASE UND WASSERPHASE

Fettphase, Wasserphase, Mischen

1. Schritt – Fettphase

– Für die Fettphase werden die gut erhitzbaren Pflanzenöle, Wachse und der Emulgator einzeln abgewogen und in ein Becherglas gegeben. Shea- oder Kakaobutter, werden NICHT mit erhitzt – sie werden erst dazugegeben, wenn die Fettphase vom Herd genommen wurde.

– Es ist ratsam, die verschiedenen Zutaten einzeln abzuwiegen, bevor diese ins Becherglas kommen. So lässt sich vermeiden, dass versehentlich zu viel hineingerät.

– Die Fettphase mit einem kleinen Löffel kurz umrühren und auf die Herdplatte oder ins Wasserbad stellen. Temperatur stets beachten – die Fette dürfen nicht heißer als etwa 65–70° C werden. Falls man seinem Gefühl nicht vertrauen möchte, kontrolliert man am besten mit einem Thermometer. Die Fettphase hat dann die richtige

01

Temperatur, wenn die Fettschmelze gleichmäßig klar ist und keine Krümel mehr vorhanden sind.

– Die Fettphase wird dann vom Herd genommen und jetzt die hitzeempfindliche Butter mit dem Löffel so lange eingerührt, bis sie geschmolzen ist.

Fettphase, Wasserphase, Mischen

2. Schritt – Wasserphase

– Destilliertes Wasser oder duftende Pflanzenwässer (Hydrolate) abmessen und in einem weiteren Becherglas auf circa 60–65° C zur Wasserphase erwärmen.
– In der heißen Wasserphase können jetzt die wasserlöslichen Wirkstoffe aufgelöst werden – dazu zählt z. B. Honig.

3. Schritt – Mischen

– Jetzt werden die beiden Phasen gemischt. Die Wasserphase in einem dünnen Strahl und unter ständigem Rühren in die Fettphase einfließen lassen – niemals umgekehrt! Nun wird mit dem Mixer so lange gerührt, bis sich eine weiße, stabile Emulsion gebildet hat. Danach mit dem Löffel weiterrühren, damit nicht zu viel Luft in die Creme eingerührt wird.
– Nun muss die Emulsion auf Handwärme, etwa 30° C, abkühlen. Dies kann man dadurch beschleunigen, indem man das Glas ins kalte Wasserbad stellt. Dabei wird langsam weitergerührt, bis die Creme dicklich wird und Handwärme erreicht hat. Das Rühren während der Abkühlphase ist wichtig, damit die Creme gleichmäßig abkühlt und die mit dem Mixer untergeschlagene Luft wieder entweichen kann.

Fettphase, Wasserphase, Mischen

03

Ringelblumen-
Wintercreme

hergestellt am ....
aus Ringelblumenöl, Fenchelwasser,
Emulsan, Lanolin,
Bienenwachs und Honig

Lavendel-
Reinigungsfluid

hergestellt am ....
aus Hamamelishydrolat, Sesamöl
Coco glucosid und ätherischem Lavendelöl

– Bis zum völligen Erkalten der Creme
wird weitergerührt, bis sie in die
vorbereiteten Tiegel eingefüllt werden
kann. Wenn die Creme zu diesem
Zeitpunkt noch etwas flüssig ist, dann
liegt das daran, dass sie einige Stunden ruhen muss, bis sich die Stoffe
verbunden haben

– Für einen besseren Überblick in
Bezug auf Inhalt und Haltbarkeit
empfiehlt sich ein Etikett, auf dem vor
allem das Herstellungsdatum ver-
merkt sein sollte.

Hygiene und Haltbarkeit

HYGIENE UND HALTBARKEIT

Gründliche Sauberkeit ist bei der Zubereitung von Kosmetik äußerst wichtig. Zwar ist die heimische Küche kein steriler Arbeitsplatz, aber dort werden auch die Mahlzeiten zubereitet, die gegessen werden. Hygiene ist unerlässlich, aber Sterilität nicht nötig.

Ich vergleiche selbst gemachte Kosmetik gerne mit einer selbst zubereiteten Mahlzeit. Ähnlich wie bei der Lebensmittelzubereitung achte ich darauf, dass die Rohstoffe gesund, hochwertig und frisch sind. Genauso verfahre ich mit der Sauberkeit. Hygiene ist auch bei der Kosmetikherstellung die Grundlage für längere Haltbarkeit.

Leider ist selbst gerührte Kosmetik nur eine kurze Zeit haltbar, da sie ohne aggressive Konservierungsmittel auskommen muss. Die Pflanzenöle beginnen unter dem Sauerstoffeinfluss zu oxidieren und werden ranzig. Wässrige Cremen bilden einen Nährboden für Bakterien und Pilze und schimmeln.

Mir ist bewusst, dass die selbst gerührte Kosmetik an Attraktivität verliert, wenn es um das Thema Haltbarkeit geht.

Oft wirkt die Vorstellung abschreckend, alle 2 bis 3 Wochen frische Produkte zu rühren. Schließlich sind wir daran gewöhnt, dass unsere Kosmetik über Monate hinweg selbst in warmen, feuchten Räumen nicht verdirbt. Doch der Preis für diese Haltbarkeit ist hoch! Eine unüberschaubare Vielzahl synthetisch hergestellter Konservierungsstoffe halten Mikroben und Pilze von der Kosmetik fern. Unter anderem sorgen Parabene, Alkoholverbindungen und sogar Formaldehyd dafür, dass unsere Kosmetik nicht schlecht wird.

Alle Rezepte in diesem Buch sind frei von Konservierungsstoffen, denn gerade diese belasten die Haut und führen zu Allergien.

Beim Kauf von Lebensmitteln legen wir Wert auf Frische: fangfrischen Fisch, ofenwarmes Brot, legefrische Eier, ernte-frisches Obst- und Gemüse usw. Wir prüfen das Herstellungsdatum und achten auf das Haltbarkeitsdatum. Warum also bei der Kosmetik Kompromisse eingehen?

DIE RICHTIGE LAGERUNG UND HANDHABUNG VER-LÄNGERT DIE HALTBARKEIT

Gänzlich unkonservierte Cremen sind bei Lagerung im Kühlschrank 4 bis 6 Wochen haltbar – ohne Kühlung etwa ein bis zwei Wochen. Jedoch kann unsere selbst hergestellte Kosmetik in kleinen Portionen eingefroren werden, was die Qualität in keiner Weise beeinflusst. Eventuell muss sie nach dem Auftauen im Kühlschrank kurz umgerührt werden. Ich empfehle zudem die Herstellung in kleinen Mengen. Für die Entnahme der fertigen Produkte aus den Tiegeln sollte ein kleiner Löffel oder Spatel verwendet werden.

Ich weise in den einzelnen Rezepten auf die individuelle Haltbarkeit hin, da diese je nach Zutaten unterschiedlich ist.

AUFBEWAHRUNG UND ETIKETTEN

Für die Aufbewahrung meiner selbst gerührten Kosmetik verwende ich ausschließlich Glasbehälter oder Salbentiegel aus Porzellan. In Apothekerflaschen mit eingeschliffenen Glasdeckeln lassen sich Lotionen, Öle oder Badezusätze einfüllen. Kleine Deckelgläser oder Weckgläser können hervorragend gereinigt werden und bieten eine ideale Verpackung für Cremen. Zugegebenermaßen sind Plastikverpackungen bruchsicher und leichter. Jedoch bemühe ich mich darum, Plastik in jeder Form zu vermeiden. Eine gute Alternative sind gebrauchte, gut gereinigte Cremedosen. Leider musste ich schon oft die Erfahrung machen, dass die Parfümierung des ursprünglichen Inhalts auch nach mehrmaligem Auswaschen noch zu riechen war. Wer dennoch Bedenken hinsichtlich der Sicherheit von Glasbehältern hat, der kann auch Aufbewahrungsdosen aus Kunststoff verwenden.

Grundsätzlich fertige ich für jedes hergestellte Produkt ein Etikett, auf dem Herstellungsdatum und die genauen Inhaltsstoffe angeführt sind.

Rezepte

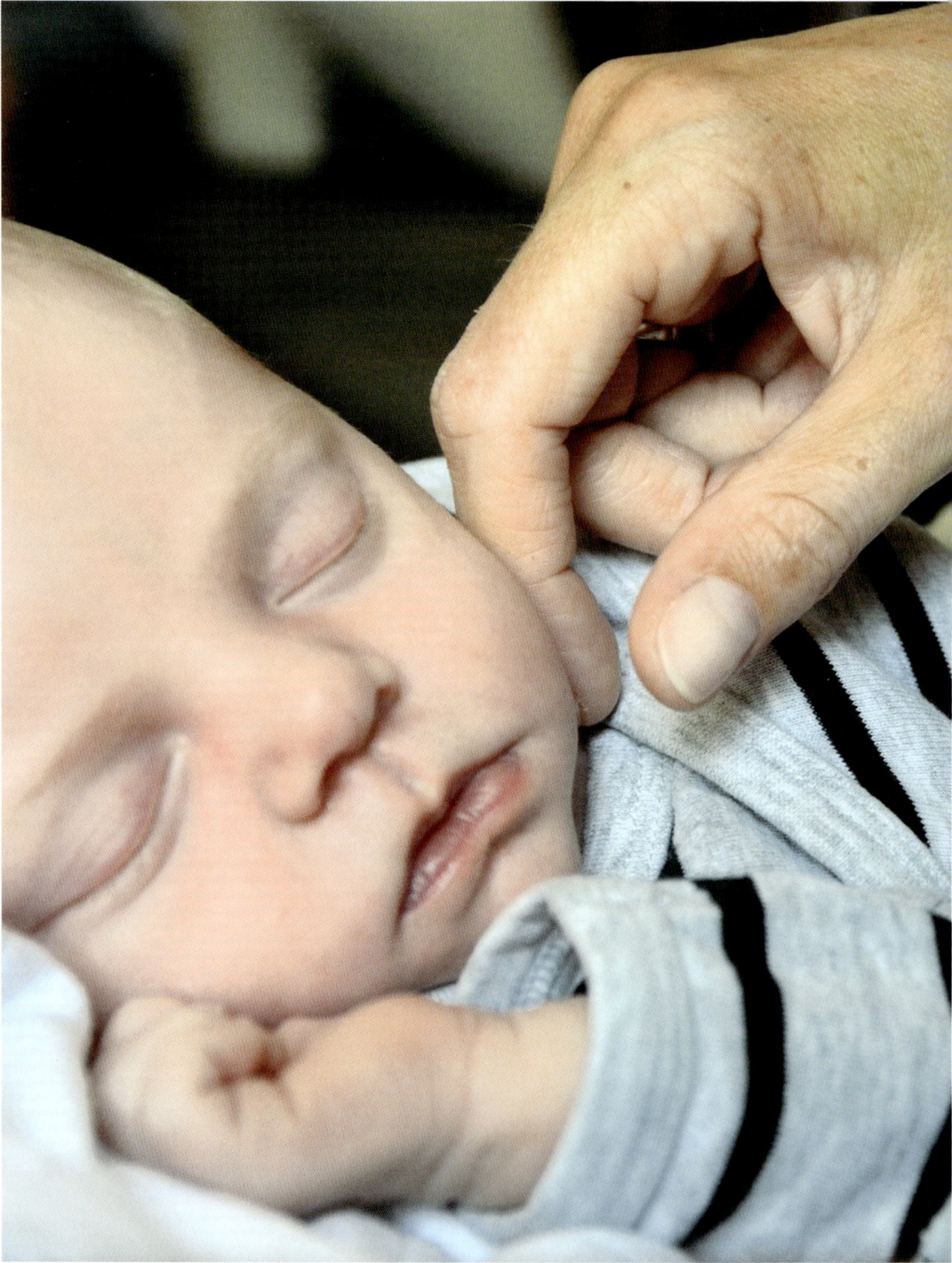

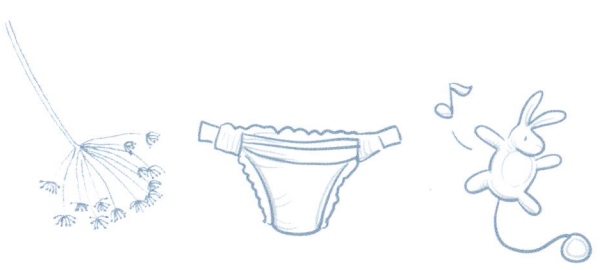

REINIGUNG

Die Haut im warmen, feuchten Windelbereich ist besonders stark beansprucht. Stuhlgang und Urin reizen die zarte Babyhaut und können zu Infektionen führen, wenn diese bereits entzündet ist.

Seit einigen Jahren haben sich Feuchttücher zur Reinigung des Windelbereichs durchgesetzt. Sie sind praktisch und einfach in der Anwendung. Die komfortablen Tücher werden auch gerne zum Reinigen von Mund und Händen eingesetzt. Ich habe mir die Mühe gemacht und die Inhaltsstoffe der gängigen Babyfeuchttücher nachgeschlagen. Alle enthielten Erdölprodukte, viele waren parfümiert und fast alle waren mit Phenoxyethanol konserviert. Mit geschickten Umschreibungen verstehen es die Hersteller, ihre Produkte anzupreisen. Zum Beispiel: „besonders sanft und reißfest" oder „mit rein pflanzlichen Waschsubstanzen", was nicht bedeutet, dass sich keine Alkoholverbindungen, Konservierungsstoffe oder Parfüme in den Feuchttüchern befinden. Sehr raffiniert ist die Aussage: „ohne allergieverdächtige Duftstoffe und ohne ätherische Öle". Hier sind also künstliche Duftstoffe zum Einsatz gekommen, bei denen noch keine allergischen Reaktionen nachgewiesen werden konnten.

Alle Inhaltsstoffe der Feuchttücher verbleiben für viele Stunden auf der Haut, daher ist die Auswahl der Zutaten besonders wichtig! Die Feuchttücher können zum Glück leicht ersetzt werden. Ich versuche seit vielen Jahren Hygienepapier, dazu zählen unter anderem Papiertaschentücher, Kosmetiktücher, Papierservietten und Küchentücher zu vermeiden. Zum einen aus gesundheitlichen Gründen, denn Zellstoffe werden gebleicht und eingefärbt bzw. bedruckt. Zum anderen sind Hygienepapiere nicht umweltfreundlich.

In Deutschland liegt der jährliche Verbrauch bei knapp 18 Kilogramm Hygienepapiere pro Person (Stand 2010). In den letzten zehn Jahren ist die Nachfrage nach Hygienepapieren in Deutschland von einer Million Tonnen auf 1,5 Millionen Tonnen gestiegen. Gleichzeitig ging der Altpapieranteil bei der Produktion von 75 auf 50 % zurück. Wir spülen damit unsere Wälder ins Klo, denn Hygienepapiere werden in der Regel nur einmal verwendet und gehen anschließend dem Papierkreislauf über die Kanalisation oder die Entsorgung verloren.

Quelle: Umweltbundesamt, http://www.umweltbundesamt.de/hygienepapiere-0

Daher nutze ich papierfreie Alternativen wie waschbare Stofftaschentücher, Stoffhandtücher und Stoffservietten oder Wischtücher. Einen Teil meiner Putztücher stricke oder häkle ich aus kochfester Baumwolle. Aus alten Bettlaken lassen sich einfach Reinigungstücher nähen. Gerade alte Bettwäsche wurde schon häufig gewaschen und daher sind die daraus genähten Tücher frei von eventuellen Schadstoffen. Zudem sehen die handgearbeiteten Tücher schöner aus.

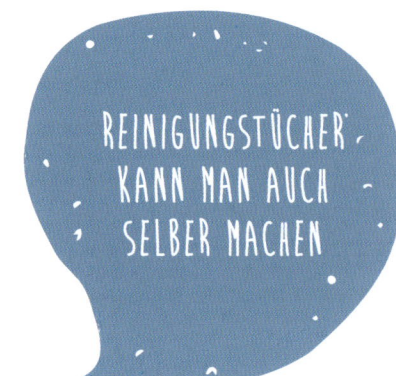

REINIGUNGSTÜCHER KANN MAN AUCH SELBER MACHEN

MILDES KAMILLEN-REINIGUNGSFLUID

Zutaten:
» *50 g Kamillenhydrolat*
» *20 g Mandelöl*
» *10 g Coco Glucosid*
» *3 Tropfen ätherisches Kamillenöl*

Zubereitung:
– Alle Zutaten in einen Sprühflakon geben und kräftig schütteln.

Info/Anwendung:
Vor jedem Gebrauch muss die Mischung kurz geschüttelt werden, da kein Emulgator das Gemisch dauerhaft verbindet. Das Reinigungsfluid wird auf einen Lappen gesprüht, mit dem dann der Windelbereich gesäubert wird. Abschließend mit einem trockenen Tuch sanft abreiben.
Für unterwegs können bereits befeuchtete Tücher in einer Plastikbox mitgeführt werden. Die angegebene Menge sollte für 1 bis 2 Wochen ausreichen. Für diesen Zeitraum ist die Haltbarkeit gewährleistet.

RINGELBLUMEN-REINIGUNGSÖL

Zutaten:
» *30 g Ölauszug aus Ringelblumenblüten*
» *30 g Mandelöl*

Zubereitung:
– Alle Zutaten in eine Flasche oder einen Sprühflakon geben und kräftig schütteln.

Info/Anwendung:
Das Reinigungsöl wird auf einen Lappen gesprüht, mit dem dann der Windelbereich gesäubert wird. Für unterwegs können bereits in Öl getränkte Tücher in einer Plastikbox mitgeführt werden. Da die Mischung keine Wasserphase enthält, ist das Reinigungsöl 4 bis 6 Monate ohne Kühlung haltbar.

RINGELBLUME

LAVENDEL-REINIGUNGSFLUID

Zutaten:
» *60 g Hamamelishydrolat*
» *20 g Sesamöl*
» *10 g Coco Glucosid*
» *3 Tropfen ätherisches Lavendelöl*

Zubereitung:
– Alle Zutaten in einen Sprühflakon geben und kräftig schütteln.

Info/Anwendung:
Vor jedem Gebrauch muss die Mischung kurz geschüttelt werden, da kein Emulgator das Gemisch dauerhaft verbindet. Das Reinigungsfluid wird auf einen Lappen gesprüht, mit dem dann der Windelbereich gesäubert wird. Abschließend mit einem trockenen Tuch sanft abreiben. Für unterwegs können bereits befeuchtete Tücher in einer Plastikbox mitgeführt werden. Die angegebene Menge sollte für 2 bis 3 Wochen ausreichen. Für diesen Zeitraum ist die Haltbarkeit gewährleistet.

HONIG-FENCHEL-REINIGUNGSMILCH

Zutaten Fettphase:
» *10 g Aprikosenkernöl*
» *4 g Emulsan*

Zutaten Wasserphase:
» *50 g Milch*
» *2 g Honig*

Zutaten Tenside und ätherisches Öl:
» *25 g Betain*
» *2 bis 3 Tropfen ätherisches Fenchelöl*

Zubereitung:
– Milch anwärmen und den Honig darin auflösen.
– Emulsan im Aprikosenkernöl sanft schmelzen.
– Milch mit dem Rührstab aufrühren und die leicht erwärmte Fettphase einfließen lassen.
– Zum Schluss Betain und 2 bis 3 Tropfen ätherisches Fenchelöl einrühren.

Info/Anwendung:
Eine kleine Menge der Reinigungsmilch mit feuchten Händen am Körper und im Gesicht einmassieren und mit Wasser abspülen. Das ätherische Öl und der Honig tragen zur Haltbarkeit bei. Jedoch enthält die Emulsion leicht verderbliche Milch, daher sollte sie in einem Zeitraum von 1 bis 2 Wochen aufgebraucht werden.

LAVENDEL-HONIG-REINIGUNGSLOTION

Zutaten Fettphase:

» *8 g Mandelöl*
» *3 g Jojobaöl*
» *5 g Emulsan*

Zutaten Wasserphase:

» *40 g Lavendelhydrolat*
» *2 g Honig*

Zutaten Tenside:

» *20 g Coco Glucosid*

... FÜR DIE
GANZE FAMILIE

Zubereitung:

– Mandelöl, Jojobaöl und Emulsan in das Becherglas geben und unter ständigem Rühren auf der Herdplatte klar aufschmelzen.
– Lavendelhydrolat auf circa 50° C erwärmen und Honig darin auflösen.
– Wasserphase in einem dünnen Strahl unter ständigem Rühren in die Fettphase einfließen lassen.
– Nun das Tensid in einem dünnen Strahl einfließen lassen.
– Mit dem Spatel rühren, bis eine stabile Emulsion entstanden ist.

Info/Anwendung:

Eine kleine Menge der Reinigungslotion mit feuchten Händen auf dem Körper und im Gesicht verteilen, leicht einmassieren und mit Wasser gründlich abspülen. Das Lavendelhydrolat und der Honig tragen etwas zur Haltbarkeit bei, daher ist die Lotion 3 bis 4 Wochen haltbar.

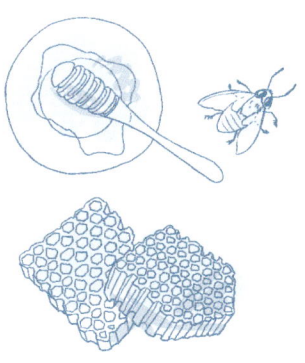

PFLEGENDE
CREMEN UND LOTIONEN

Es ist mir bewusst, dass uns der Kauf von Babypflegeprodukten einfach gemacht wird. Jeder Supermarkt bietet eine gut sortierte Auswahl mehrerer Hersteller an. Den sehr gut durchdachten Werbekonzepten kann man sich kaum entziehen.

Ich musste in den letzten Jahren leider sehr oft die Erfahrung machen, dass den Kaufprodukten mehr Vertrauen als selbst hergestellter Kosmetik entgegengebracht wird. Als Beispiel möchte ich hier eine altbewährte Babywundcreme anführen. An der Wirksamkeit und Hautverträglichkeit dieses Produktes wird nicht gezweifelt, obwohl sämtliche Zutaten auf der Rückseite der Creme aufgeführt sind. Es sind über 20 Inhaltsstoffe deklariert, darunter Mineralöle und Parfüm. Ich biete Ihnen hier einige einfach nachzuarbeitende Rezepte an. Diese bestehen nur aus wenigen, ausgesuchten Zutaten und dennoch erfüllen sie alle Ansprüche an eine hochwirksame Creme.

ALOE-VERA-CREME

Zutaten Fettphase:

» *10 g Aloe-Vera-Öl*
» *10 g Jojobaöl*
» *5 g Kokosnussöl*
» *2 g Bienenwachs*
» *4 g Emulsan*

Zutaten Wasserphase:

» *40 g Aloe-Vera-Gel*
» *2 g Honig*

Zubereitung:

– Die Zutaten der Fettphase mit Ausnahme des Kokosnussöls erwärmen, bis diese klar geschmolzen sind.
– Danach die Fettphase vom Herd nehmen und das Kokosnussöl dazugeben.
– Honig im erwärmten Aloe-Vera-Gel auflösen.
– Die Wasserphase in dünnem Strahl in die Fettphase einrühren. Mit dem Spatel rühren, bis eine stabile Emulsion entsteht.

Info/Anwendung:

Die Creme schützt die empfindliche Haut des Babys am ganzen Körper. Im Windelbereich beugt sie dem Wundwerden vor. Sie hat nur eine leichte Konservierung durch den Honig und das Bienenwachs und ist daher nur 4 bis 6 Wochen haltbar.

HAMAMELIS-CREME

Zutaten Fettphase:

» *12 g Mandelöl*
» *5 g Sheabutter*
» *2 g Bienenwachs*
» *4 g Emulsan*

Zutaten Wasserphase:

» *30 g Hamamelishydrolat*
» *2 g Honig*

Zubereitung:

– Mandelöl, Bienenwachs und Emulsan erwärmen, bis die Fettphase klar geschmolzen ist.
– Danach vom Herd nehmen und die Sheabutter dazugeben.
– Den Honig im erwärmten Hydrolat auflösen.
– Die Wasserphase in dünnem Strahl in die Fettphase einrühren. Mit dem Spatel rühren, bis eine stabile Emulsion entsteht.

Info/Anwendung:

Die Creme schützt die empfindliche Haut des Babys am ganzen Körper. Im Windelbereich beugt sie dem Wundwerden vor. Sie hat nur eine leichte Konservierung durch den Honig und das Bienenwachs und ist daher nur 4 bis 6 Wochen haltbar.

KAMILLEN-RINGELBLUMEN-LOTION

Zutaten Fettphase:
» *21 g Calendulaöl (Ringelblumenöl)*
» *5 g Kakaobutter*
» *2 g Bienenwachs*
» *5 g Emulsan*

Zutaten Wasserphase:
» *60 g Kamillenhydrolat*

Zubereitung:
– Calendulaöl, Bienenwachs und Emulsan in das Becherglas geben und unter ständigem Rühren auf der Herdplatte klar aufschmelzen.
– Vom Herd nehmen und Kakaobutter im warmen Gemisch schmelzen.
– Kamillenhydrolat auf ungefähr 40° C sanft erwärmen.
– Wasserphase in einem dünnen Strahl unter ständigem Rühren in die Fettphase einfließen lassen, bis eine stabile Emulsion entstanden ist.

Info/Anwendung:
Diese Lotion schützt die empfindliche Haut des Babys im Gesicht und am ganzen Körper. Sie hat nur eine leichte Konservierung durch das Bienenwachs und ist daher nur 4 Wochen haltbar.

RINGELBLUMEN-WINTERCREME

Zutaten Fettphase:
» *15 g Calendulaöl (Ringelblumenöl)*
» *4 g Emulsan*
» *5 g Lanolin*
» *2 g Bienenwachs*

Zutaten Wasserphase:
» *40 g Fenchelaufguss oder Fenchelhydrolat*
» *1 Teelöffel Honig*

Zubereitung:
– Die Zutaten der Fettphase klar aufschmelzen.
– Wasserphase leicht erwärmen und Honig darin auflösen.
– Wasserphase in einem dünnen Strahl unter ständigem Rühren in die Fettphase einfließen lassen, bis eine stabile Emulsion entstanden ist.

Info/Anwendung:
Die Creme schützt die zarte Gesichtshaut intensiv vor den Witterungseinflüssen der kalten Jahreszeit. Sie hat nur eine leichte Konservierung durch den Honig und das Bienenwachs und ist daher nur 4 bis 6 Wochen haltbar.

MILCH- UND HONIGCREME

Zutaten:

» *50 g Ziegenmilch oder Vollmilch*
» *80 g Mandelöl*
» *20 g Jojobaöl*
» *½ Teelöffel Honig*

Zubereitung:

– Leicht erwärmte Milch in ein hohes Rührgefäß geben und mit dem Rührstab ein bis zwei Minuten aufrühren.
– Dann werden die leicht angewärmten Öle ganz langsam unter ständigem Rühren zur Milch hinzugefügt. Zuerst gießt man das Öl nur tropfenweise in die Milch und rührt sehr intensiv. Nach und nach kann man das Öl schneller dazugeben, aber man muss das Öl immer zügig und vollständig unterrühren. Wenn das Öl vollständig hinzugefügt ist, ist die Mischung dick geworden.
– Die Creme wird weiß, weich und geschmeidig. Für eine bessere Pflegewirkung wird noch ein halber Teelöffel Honig eingerührt.

... FÜR DIE
GANZE FAMILIE

Info/Anwendung:

Diese Creme schützt und nährt die empfindliche Haut des Babys im Gesicht und am ganzen Körper. Sie ist sehr ursprünglich und verzichtet auf jegliche Stabilisatoren, Konservierungsmittel und Duftstoffe. Als natürlicher Emulgator wird Milch eingesetzt. Jedoch ist sie nicht lange haltbar und sollte innerhalb weniger Tage aufgebraucht werden.

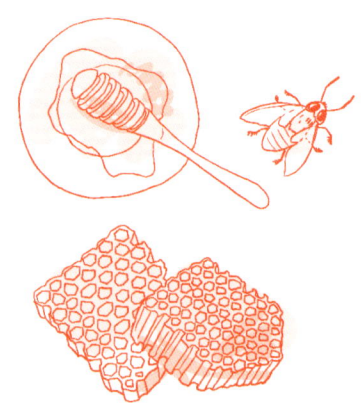

HEILPFLANZEN FÜR HEILENDE SALBEN

Mit Kindern die Natur erleben

Frische Luft und Sonnenlicht sind für die gesunde Entwicklung des Babys wichtig. Es lernt schneller den Unterschied zwischen Tag und Nacht, schläft besser und sammelt stetig neue Eindrücke. Ich konnte mich bei langen Spaziergängen immer sehr gut entspannen und Kräfte sammeln. Die eigene körperliche Verfassung sollte auch nicht vernachlässigt werden, denn für die Bewältigung des Alltags ist eine gute Konstitution wertvoll.

Schon in den ersten Lebensmonaten kann man sich während des Laufens mit seinem Baby unterhalten. Es wird Ihre Aufmerksamkeit genießen, auch wenn es noch nicht alles versteht.

Wir wohnen schon immer in einer ländlichen Gegend, umgeben von Wäldern, Heiden und Feldern. Doch selbst Städte haben sehr schöne Parks und Grünanlagen, die sich hervorragend eignen, dem Kind Bäume, Tiere und Blumen zu zeigen. Auch hier finden sich zum Beispiel Löwenzahn, Huflattich, Spitzwegerich und Gänseblümchen.

Ich habe meinen Kindern immer wieder ein Blatt oder eine Blüte zum „Begreifen" gegeben und dabei den Namen der Pflanze gesagt.

Ich möchte Sie und Ihr Kind gerne zu einem Spaziergang durch das Jahr mitnehmen. Anhand einiger ausgewählter Kräuter, die leicht zu bestimmen sind, möchte ich Ihnen zeigen, wie Sie Ihrem Kind die Natur näherbringen können. Begleiten Sie mich durch die Jahreszeiten und entdecken Sie die Schätze von Feld und Wald durch die Augen Ihres Kindes.

LÖWENZAHN-SALBE

Der Löwenzahn blüht bereits im zeitigen Frühjahr ab Ende März an Wegesrändern und in Wiesen. Er ist eine sehr ausdauernde Pflanze, die nur geringe Ansprüche an die Bodenbeschaffenheit stellt. Selbst auf Straßen vermag die Kraft des Löwenzahns den Asphalt zu durchbrechen.

Info/Anwendung:

Diese Salbe ist ebenso kräftig wie die Pflanze selbst. Sie pflegt wirksam bereits gereizte und wunde Haut im Windelbereich. Die Salbe unterstützt auch die Heilung wunder Brustwarzen. Sie wird nach dem Stillen sanft auf die Brustwarzen aufgetragen und vor dem erneuten Anlegen mit einem feuchten Tuch wieder abgenommen.

Zutaten:

» *80 g Mandelöl*
» *5 g Bienenwachs*
» *15 g Lanolin*
» *20 g frische Löwenzahnblütenblätter*

Zubereitung:

– Die frischen Löwenzahnblüten waschen und in einem Handtuch trocken tupfen.
– Nun die gelben Blütenblätter von den Kelchen trennen, in ein Weckglas geben und das Mandelöl darübergießen.
– Das Weckglas mit dem Deckel schließen und auf dem Herd im Wasserbad sanft erwärmen. Für 2 Stunden bei niedriger Temperatur ziehen lassen und darauf achten, dass das Öl nicht kocht.
– Dann das noch warme Gemisch durch einen Kaffeefilter laufen lassen, damit keine Pflanzenrückstände im Öl verbleiben.
– Im so gewonnenen Ölauszug werden nun Bienenwachs und Lanolin sanft geschmolzen.
– Zum Schluss in kleine Gläser füllen. Nach dem Erkalten den Deckel schließen, beschriften und im Kühlschrank aufbewahren. Die Salbe ist bei kühler Aufbewahrung etwa ein Jahr haltbar.

LÖWENZAHN

HEILSALBE AUS SPITZWEGERICH

Der Spitzwegerich stellt nur geringe Ansprüche an die Bodenbeschaffenheit und ist daher weit verbreitet. Man findet ihn ab April an Wegesrändern, auf Wiesen und an Waldrändern.

Info:
Der Spitzwegerich wirkt antibiotisch und schützt bei Verletzungen vor Infektionen.

Zutaten:
» *100 g Olivenöl*
» *10 g Bienenwachs*
» *5 g Lanolin*
» *20 g frische Spitzwegerichblätter*
» *1 Teelöffel Honig*

Zubereitung:
– Den Backofen auf ungefähr 60 bis 70° C erwärmen.
– Die Spitzwegerichblätter waschen, trocknen und sehr fein zerkleinern. Dann in ein Weckglas geben und das Olivenöl darübergießen.
– Das Weckglas mit dem Deckel schließen und für 2 Stunden in den erwärmten Backofen stellen.
– Dann das noch warme Gemisch durch einen Kaffeefilter laufen lassen, damit keine Pflanzenrückstände im Öl verbleiben.
– Im so gewonnenen Ölauszug werden nun Bienenwachs und Lanolin sanft geschmolzen.
– Zum Schluss noch den Honig unterrühren und die Salbe in kleine Gläser füllen. Nach dem Erkalten den Deckel schließen, beschriften und im Kühlschrank aufbewahren. Die Salbe ist bei kühler Aufbewahrung etwa ein Jahr haltbar.

SPITZWEGERICH

JOHANNISKRAUT-HONIG-SALBE

Das Johanniskraut kann das Sonnenlicht des Hochsommers speichern, um die Freude des sonnigen Sommers dann im trüben Winter abzugeben und die Gemüter zu erhellen und zu erwärmen. Benannt ist es nach dem heiligen Johannes dem Täufer, dessen Gedenktag der 24. Juni ist. In der Zeit um die Sommersonnenwende erblüht das Johanniskraut an Wegen und auf Wiesen. Die beste Sammelzeit ist mittags, wenn die Sonne den Tau bereits getrocknet hat.

Info/Anwendung:

Das im Johanniskraut enthaltene Hyperforin wirkt antibiotisch. Die Salbe pflegt wirksam bereits gereizte und wunde Haut im Windelbereich. Weiterhin fördert sie die Hautregeneration, wirkt beruhigend und schmerzlindernd. Die Salbe kann durchaus von der ganzen Familie zur Heilung von schlecht heilenden Wunden und zur Linderung von Sonnenbrand verwendet werden.

JOHANNIS-
KRAUT

Zutaten:

» *20 g Johanniskrautöl*
» *10 g Sheabutter*
» *2 g Bienenwachs*
» *2 g Honig*

Zubereitung Ölauszug:

– Johanniskrautblüten nach dem Sammeln für 2 bis 3 Tage trocknen lassen. Diese dann in ein sauberes und gut ausgetrocknetes Glas geben. Es sollte darauf geachtet werden, dass das Pflanzenmaterial sowie das Glas wirklich trocken sind.
– Mit dem Sesamöl aufgießen, sodass alles bedeckt ist. Das Glas schließen und an einem warmen Ort, wie zum Beispiel dem Fensterbrett, für 3 bis 4 Wochen stehen lassen. Unbedingt darauf achten, dass sich kein Schimmel bildet! Dies kann passieren, wenn nicht alle Pflanzenteile mit Öl bedeckt sind.
– Das Öl durch einen Kaffeefilter abseihen und in einem gut verschließbaren Glas dunkel und kühl aufbewahren.

Bei sachgemäßer Lagerung ist das Öl etwa ein Jahr haltbar. Das Glas sollte unbedingt mit dem Herstellungsdatum und der Inhaltsangabe beschriftet werden.

Wenn es schneller gehen soll, dann kann der Ölauszug auch folgendermaßen gewonnen werden:

– Die frischen Johanniskrautblüten waschen und in einem Handtuch trocken tupfen. In ein Weckglas geben und das Sesamöl darübergießen.
– Das Weckglas mit dem Deckel schließen und auf dem Herd im Wasserbad sanft erwärmen. Für 2 Stunden bei niedriger Temperatur ziehen lassen und darauf achten, dass das Öl nicht kocht.
– Dann das noch warme Gemisch durch einen Kaffeefilter laufen lassen, damit keine Pflanzenrückstände im Öl verbleiben.

Zubereitung Salbe:

– Das Bienenwachs im Johanniskrautöl schmelzen, vom Herd nehmen und die Sheabutter einrühren.
– Zum Schluss den Honig unterrühren. Sofort in einen gut gereinigten Tiegel füllen und erkalten lassen.

Da die Salbe keine Wasserphase enthält, ist sie bei kühler Aufbewahrung etwa ein Jahr haltbar.

RINGELBLUME

RINGELBLUMEN-
HONIG-WUNDSALBE

Die Ringelblume ist nicht nur eine heraus-
ragende Heilpflanze, sondern auch eine
üppig blühende Zierde für den Garten.
Nach den Frosttagen im Mai wird der
Samen im Garten ausgebracht. Geerntet
werden die Blüten an warmen, trockenen
Tagen um die Mittagszeit. Die Ringelblume wirkt beruhigend und fördert die
Wundheilung.

Info/Anwendung:
Die Salbe pflegt wirksam bereits gereiz-
te und wunde Haut im Windelbereich.
Weiters fördert sie die Hautregeneration,
wirkt beruhigend und schmerzlindernd.
Die Salbe kann durchaus von der ganzen
Familie zur Heilung von schlecht heilen-
den Wunden verwendet werden.

Zutaten:

- » *15 g Ringelblumenöl auf Sesamölbasis*
- » *2 g Bienenwachs*
- » *2 g Kakaobutter*
- » *2 g Lanolin*
- » *2 g Honig*

Zubereitung Ölauszug:

– Für die Herstellung von Ringelblu-menöl bevorzuge ich den schonenden Kaltauszug. Dafür trenne ich die Blütenblätter vom Blütenkelch, sodass keine grünen Bestandteile verwendet werden. Dann lasse ich die Ringelblu-menblütenblätter etwas antrocknen, damit die Feuchtigkeit den Ölauszug nicht schimmeln lässt. Die Blüten in ein Glas geben und dabei immer kon-trollieren, ob sowohl Pflanzenmaterial als auch das Glas wirklich trocken sind. Mit so viel Sesamöl aufgießen, dass alles gut bedeckt ist.

– Das Glas verschließen und an einem warmen Ort, wie zum Beispiel dem Fensterbrett, für 3 bis 4 Wochen ste-hen lassen. Unbedingt darauf achten, dass sich kein Schimmel bildet! Dies kann passieren, wenn nicht alle Pflan-zenteile mit Öl bedeckt sind.

– Das Öl durch einen Kaffeefilter absei-hen und in einem gut verschließbaren Glas dunkel und kühl aufbewahren.

Bei sachgemäßer Lagerung ist das Öl etwa ein Jahr haltbar. Das Glas sollte unbedingt mit dem Herstellungsda-tum und der Inhaltsangabe beschrif-tet werden.

– Dieses wertvolle Wirkstofföl ist nun die Grundlage für unsere Salbe.

Zubereitung Salbe:

– Ringelblumenöl, Lanolin und Bienen-wachs sanft klar aufschmelzen.

– Vom Herd nehmen, die Kakaobutter und den Honig dazuschmelzen.

– Sofort in einen gut gereinigten Tiegel füllen und erkalten lassen.

Da die Salbe keine Wasserphase enthält, ist sie bei kühler Aufbewahrung etwa ein Jahr haltbar.

WOHLTUEND BEI GEREIZTER HAUT

THYMIAN-
ERKÄLTUNGSBALSAM

Der Thymian ist nicht nur eine schmackhafte Gewürzpflanze, sondern auch eine wichtige Heilpflanze im Bereich Husten und Desinfektion. Äußerlich angewendet hilft der Thymian nicht nur gegen schlecht heilende und entzündete Wunden und Ekzeme, sondern wirkt auch entkrampfend. Das in der Pflanze enthaltene ätherische Öl ist antiseptisch und löst zähen Schleim in den Bronchien.

Bei uns auf der Schwäbischen Alb wächst ab Mai wilder Thymian, der Quendel. In großen, duftenden Kissen breitet er sich über die Trockenwiesen aus. Quendel oder Feldthymian ist das dritte Hauptgewürz in der Hildegard-von-Bingen-Küche. Sollte in Ihrer Nähe kein wilder Thymian wachsen, dann gedeiht er auch gut als Topfpflanze oder im Garten.

Info/Anwendung:

Bei Erkältungen werden die Brust und der Rücken mit dem Balsam eingerieben. Er ist sanft und reizt die zarte Haut nicht. Der Balsam erleichtert das Atmen und die Massage beruhigt das Baby.

Zutaten:

» *50 g Mandelöl*
» *5 g Bienenwachs*
» *5 g Kakaobutter*
» *10 g frische Thymianblätter*

Zubereitung Ölauszug:

- Den Backofen auf ca. 60 bis 70° C erwärmen.
- Die Thymianblätter waschen, trocknen und sehr fein hacken. Dann in ein Weckglas geben und das Mandelöl darübergießen.
- Das Weckglas mit dem Deckel schließen und für 2 Stunden in den erwärmten Backofen stellen.
- Dann das noch warme Gemisch durch einen Kaffeefilter laufen lassen, damit keine Pflanzenrückstände im Öl verbleiben.

Zubereitung Balsam:

- Im so gewonnenen Ölauszug werden nun Bienenwachs und Kakaobutter sanft geschmolzen.
- In kleine Gläser füllen.
- Nach dem Erkalten den Deckel schließen, beschriften und im Kühlschrank aufbewahren. Die Salbe ist bei kühler Aufbewahrung etwa ein Jahr haltbar.

Zutaten:
» *30 g Mandelöl*
» *20 g Sesamöl*
» *10 g Jojobaöl*
» *5 g Bienenwachs*
» *10 g frische Lavendelblüten*

ENTSPANNENDER LAVENDELBALSAM

Seit dem Altertum kennt man den Lavendel als Heilpflanze. Er wirkt antiseptisch, beruhigend und krampflösend. In alten Kloster- und Bauerngärten wurde er in unseren Breiten kultiviert, denn er ist zuverlässig winterhart. Sollten Sie keinen Garten haben, dann gedeiht der Lavendel auch sehr gut in einem Blumentopf.

Info/Anwendung:

Der Lavendelbalsam entspannt und hilft dem Baby, in den Schlaf zu finden. Legen Sie Ihr Baby auf eine Baumwolldecke oder ein dickes Handtuch. Verreiben Sie etwas von dem Balsam in Ihren Händen, um ihn vor der Massage zu erwärmen. Dann mit kreisenden Bewegungen in die Haut am Körper Ihres Babys einmassieren. Den idealen Zeitpunkt für die Massage finden Sie am bestens selbst heraus. Er sollte nicht direkt nach einer Mahlzeit sein, jedoch sollte das Baby auch nicht hungrig sein.

Zubereitung Ölauszug:

– Die frischen Lavendelblüten waschen und in einem Handtuch trocken tupfen. Die Blüten vom Stängel abstreifen, in ein Weckglas geben und Mandelöl sowie Sesamöl darübergießen.

– Das Weckglas mit dem Deckel schließen und auf dem Herd im Wasserbad sanft erwärmen. Für 2 Stunden bei niedriger Temperatur ziehen lassen und darauf achten, dass das Öl nicht kocht.

– Dann das noch warme Gemisch durch einen Kaffeefilter laufen lassen, damit keine Pflanzenrückstände im Öl verbleiben.

Zubereitung Balsam:

– Im so gewonnenen Ölauszug wird nun das Bienenwachs sanft geschmolzen.

– Zum Schluss das Jojobaöl einrühren und den Balsam in kleine Gläser füllen. Nach dem Erkalten den Deckel schließen, beschriften und im Kühlschrank aufbewahren. Die Salbe ist bei kühler Aufbewahrung etwa ein Jahr haltbar.

FENCHELBALSAM
GEGEN BLÄHUNGEN

Sollten Sie einen Garten haben, dann darf der Fenchel nicht fehlen. Die ursprünglich in Südeuropa beheimatete Heilpflanze hat ihren Weg über die mittelalterlichen Klostergärten zu uns gefunden. Die schmackhaften Knollen des Fenchels sind ein gesundes Gemüse. Die aromatischen Samen des Fenchels werden gerne als Tee eingenommen. Die antibakteriellen Eigenschaften des enthaltenen ätherischen Öls lindern Atemwegs- und Verdauungsbeschwerden. Ich empfehle, auf fertige Instant-Teegetränke zu verzichten – ein frischer Fencheltee ist schnell aufgebrüht. Selbst Neugeborene können zur Linderung von Blähungen ein paar Schlucke ungesüßten Fencheltee trinken. Bei der stillenden Mutter sorgt er für Entspannung und einen guten Milchfluss. Auf der Haut wirkt Fenchel entspannend, entzündungshemmend und beruhigend.

Info/Anwendung:

Dieser sanfte Balsam wirkt krampflösend und beruhigend, ohne die Haut zu reizen. Lassen Sie dem Baby nach dem Essen etwas Zeit, um aufzustoßen. Dann legen Sie es auf eine Baumwolldecke oder ein dickes Handtuch. Verreiben Sie etwas von dem Balsam in Ihren Händen, um ihn vor der Massage zu erwärmen. Dann wird der Balsam mit kreisenden Bewegungen um den Nabel in den Bauch Ihres Babys einmassiert.

FENCHEL

Zutaten:

» *40 g Mandelöl*
» *15 g Jojobaöl*
» *5 g Bienenwachs*
» *10 g getrocknete Fenchelsamen*

Zubereitung Ölauszug:

– Den Backofen auf ca. 60 bis 70° C erwärmen.
– Die Fenchelsamen mit einem Mörser zerreiben. Dafür nehme ich einen Kaffee- oder Teefilter, fülle ihn mit den Fenchelsamen und klopfe mit dem Mörser die Samen. Sollten Sie keinen Mörser haben, dann kann auch ein Löffel verwendet werden.
– Dann in ein Weckglas geben und das Mandelöl darübergießen.
– Das Weckglas mit dem Deckel schließen und für 2 Stunden in den erwärmten Backofen stellen.
– Dann das noch warme Gemisch durch einen Kaffeefilter laufen lassen, damit keine Pflanzenrückstände im Öl verbleiben.

Zubereitung Balsam:

– Im so gewonnenen Ölauszug werden nun Bienenwachs und Jojobaöl sanft geschmolzen.
– In kleine Gläser füllen. Nach dem Erkalten den Deckel schließen, beschriften und im Kühlschrank aufbewahren. Der Balsam ist bei kühler Aufbewahrung etwa ein Jahr haltbar.

WIRKT KRAMPFLÖSEND UND BERUHIGEND, OHNE DIE HAUT ZU REIZEN

KAMILLEN-WUNDSALBE

Die Echte Kamille ist eine der beliebtesten Arzneipflanzen in Europa. Als Volksheilpflanze sind sowohl der typische Duft als auch das Aussehen wohlbekannt. Die Kamille wächst gerne an Wegrändern und auf Feldern. Dort sucht sie vor allem die Gesellschaft von Weizen, was von den Bauern nicht gewünscht wird. Daher wird die Kamille als Unkraut mit Herbiziden bekämpft. Am Feldrand gedeihen dann noch ein paar Pflanzen, die sind jedoch stark mit Unkrautvertilgungsmitteln belastet. Daher ziehe ich gekaufte, getrocknete Kamillenblüten der Wildsammlung vor. Im Garten kultivierte Pflanzen können selbstverständlich geerntet und verwendet werden.

Die Heilwirkung der Kamille ist sehr vielfältig und sie wird sowohl innerlich als auch äußerlich angewendet. Vor allem wirkt sie entspannend, beruhigend, reizlindernd und entzündungshemmend.

Info/Anwendung:
Die Salbe pflegt wirksam bereits gereizte und wunde Haut im Windelbereich. Die Inhaltsstoffe unterstützen die Wundheilung und wirken antibakteriell. Weiterhin fördert die Salbe die Hautregeneration, wirkt beruhigend und schmerzlindernd. Sie kann durchaus von der ganzen Familie zur Heilung von schlecht heilenden, nässenden Wunden verwendet werden.

KAMILLE

Zutaten:

» *20 g Kamillenöl*
» *10 g Kakaobutter*
» *2 g Lanolin*
» *2 g Zinkoxid*

Zubereitung Ölauszug:

– Für die Herstellung von Kamillenöl bevorzuge ich den schonenden Kaltauszug. Dafür verwende ich getrocknete Kamillenblüten, damit die Feuchtigkeit den Ölauszug nicht schimmeln lässt. Ungefähr 10 g Kamillenblüten in ein Glas geben, mit 100 g Mandelöl aufgießen, sodass alles gut bedeckt ist.
– Das Glas schließen und an einem warmen Ort, wie zum Beispiel dem Fensterbrett, für 3 bis 4 Wochen stehen lassen. Unbedingt darauf achten, dass sich kein Schimmel bildet! Dies kann passieren, wenn nicht alle Pflanzenteile mit Öl bedeckt sind.
– Das Öl durch einen Kaffeefilter abseihen und in einem gut verschließbaren Glas dunkel und kühl aufbewahren. Bei sachgemäßer Lagerung ist das Öl etwa ein Jahr haltbar. Das Glas sollte unbedingt mit dem Herstellungsdatum und der Inhaltsangabe beschriftet werden.
– Dieses wertvolle Wirkstofföl ist nun die Grundlage für unsere Salbe.

Zubereitung Salbe:

– Kamillenöl, Kakaobutter und Lanolin sanft klar aufschmelzen.
– Vom Herd nehmen und das Zinkoxid einrühren.
– Sofort in einen gut gereinigten Tiegel füllen und erkalten lassen.

Da die Salbe keine Wasserphase enthält, ist sie bei kühler Aufbewahrung etwa ein Jahr haltbar.

KAMILLE WIRKT BERUHIGEND

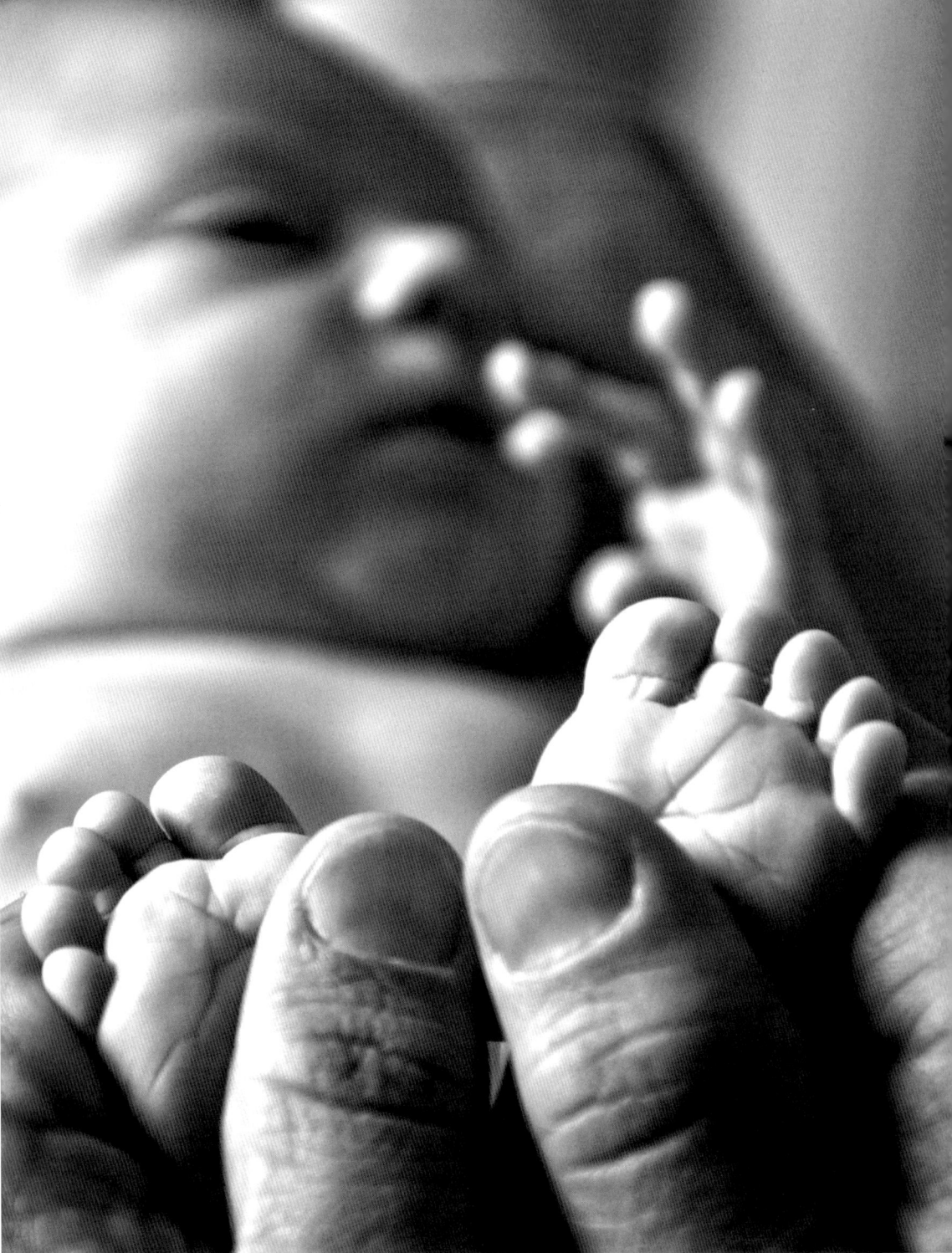

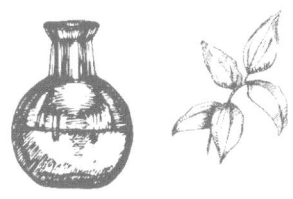

VERWÖHN-ÖLE FÜR DIE BABYMASSAGE

Die in der Ayurveda verwurzelte Babymassage wurde von Dr. Frédérick Leboyer in Indien entdeckt und im Westen publik gemacht. Daher wird sie auch häufig Leboyer-Massage genannt. Sie intensiviert die Eltern-Kind-Bindung und die sanften Berührungen schaffen die Grundlage für eine vertrauensvolle Beziehung. Die praktische Anleitung kann eine Hebamme geben.

Grundsätzlich sollten nur pflanzliche Öle für die Massage verwendet werden. Diese dringen gut in die Haut ein und versorgen sie mit wertvollen Vitaminen, während Mineralöle auf der Haut liegen bleiben. Konventionelle Babyöle enthalten Mineralöle und sind daher ungeeignet.

Der Zusatz von ätherischen Ölen ist grundsätzlich nicht nötig – der „fremde" Duft wirkt eher störend. Diese sollten nur gezielt bei entsprechenden Beschwerden eingesetzt werden.

BERUHIGENDES MASSAGEÖL

Zutaten:

» *50 g Mandelöl oder Aprikosenkernöl*
» *20 g Jojobaöl*

Zubereitung und Anwendung:
– Beide Öle in eine Flasche füllen und gut schütteln.
– Das Baby wird zur Massage auf eine Unterlage aus Naturmaterial, z. B. eine Baumwolldecke oder ein dickes Handtuch, gelegt. Die Umgebungstemperatur sollte nicht zu kühl sein, damit das Baby nicht friert. Dann das auf ungefähr 30° C erwärmte Öl mit warmen Händen sanft einmassieren. Nach ungefähr 20 Minuten ist das Öl optimal von der Haut aufgenommen worden.

Info:
Die Massage ist auch eine gute Vorbereitung für ein nachfolgendes Bad.

DIE GEWÄHLTEN ÖLE SIND ENTZÜNDUNGSHEMMEND UND BERUHIGEN DIE HAUT.

MASSAGEÖL GEGEN SEHR TROCKENE HAUT

Zutaten:

» *50 g Sesamöl*
» *20 g Olivenöl*

Zubereitung und Anwendung:
– Beide Öle in eine Flasche füllen und gut schütteln.
– Das Baby wird zur Massage auf eine Unterlage aus Naturmaterial, z. B. eine Baumwolldecke oder ein dickes Handtuch, gelegt. Die Umgebungstemperatur sollte nicht zu kühl sein, damit das Baby nicht friert. Dann das auf ungefähr 30° C erwärmte Öl mit warmen Händen sanft einmassieren. Nach ungefähr 20 Minuten ist das Öl optimal von der Haut aufgenommen worden.

Info:
Die Massage ist auch eine gute Vorbereitung für ein nachfolgendes Bad.

DIE GEWÄHLTEN ÖLE SIND NÄHREND UND REGENERIEREND BEI BESONDERS TROCKENER HAUT.

ENTKRAMPFENDES MASSAGEÖL GEGEN BAUCHSCHMERZEN

Zutaten:

» *20 g Sesamöl*
» *10 g Jojobaöl*
» *2 bis 3 Tropfen ätherisches Kümmelöl*

Zubereitung und Anwendung:

– Alle Zutaten in eine Flasche füllen und gut schütteln.
– Das Baby wird zur Massage auf eine Unterlage aus Naturmaterial, z. B. eine Baumwolldecke oder ein dickes Handtuch, gelegt. Die Umgebungstemperatur sollte nicht zu kühl sein, damit das Baby nicht friert. Dann das auf ungefähr 30° C erwärmte Öl mit warmen Händen sanft um den Nabel im Uhrzeigersinn einmassieren. Nach ungefähr 20 Minuten ist das Öl optimal von der Haut aufgenommen worden.

Info:
Ätherisches Kümmelöl wirkt antibakteriell, entspannend, harntreibend, krampf- und schleimlösend.

KÜMMEL

ENTSPANNENDES MASSAGEÖL FÜR EINEN RUHIGEN SCHLAF

Zutaten:

» *20 g Sesamöl*
» *10 g Mandelöl*
» *2 bis 3 Tropfen ätherisches Lavendelöl*

Zubereitung und Anwendung:

– Alle Zutaten in eine Flasche füllen und gut schütteln.
– Das Baby wird zur Massage auf eine Unterlage aus Naturmaterial, z. B. eine Baumwolldecke oder ein dickes Handtuch, gelegt. Die Umgebungstemperatur sollte nicht zu kühl sein, damit das Baby nicht friert. Dann das auf ungefähr 30° C erwärmte Öl mit warmen Händen sanft auf den Körper des Babys einmassieren. Nach ungefähr 20 Minuten ist das Öl optimal von der Haut aufgenommen worden.

Info:

Ätherisches Lavendelöl wirkt entspannend, beruhigend sowie entzündungshemmend und weist eine gute Hautverträglichkeit auf.

MMAHH ...
MASSAGEN
SIND TOLL!

ENTSPANNENDES MASSAGEÖL BEI LEICHTEN ERKÄLTUNGEN

Zutaten:
- » *20 g Sesamöl*
- » *20 g Mandelöl*
- » *2 Tropfen ätherisches Anisöl*
- » *2 Tropfen ätherisches Kamillenöl*

Zubereitung und Anwendung:
- Alle Zutaten in eine Flasche füllen und gut schütteln.
- Das Baby wird zur Massage auf eine Unterlage aus Naturmaterial, z. B. eine Baumwolldecke oder ein dickes Handtuch, gelegt. Die Umgebungstemperatur sollte nicht zu kühl sein, damit das Baby nicht friert. Dann das auf ungefähr 30° C erwärmte Öl mit warmen Händen sanft auf den Körper des Babys einmassieren. Nach ungefähr 20 Minuten ist das Öl optimal von der Haut aufgenommen worden.

Info:
Die Massage entkrampft und beruhigt das Baby. Ätherisches Anisöl wirkt antibakteriell, entspannend, harntreibend, krampf- und schleimlösend.

lavendel-
salbei-bad

seifenkraut-
lavendel--bad

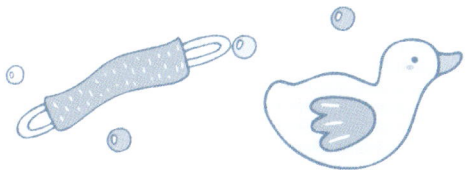

BADEZUSÄTZE

Nach 4 bis 6 Wochen ist die Haut des Neugeborenen an die Bedingungen außerhalb des Mutterleibs angepasst. Die natürliche Hautschutzbarriere hat sich entwickelt und nun kann das Baby ein- bis zweimal pro Woche gebadet werden.

Das Bad sollte 10 bis 20 Minuten dauern, die Wassertemperatur sollte zwischen 36 und 38° C liegen. Dabei kann auf schäumende Badezusätze verzichtet werden, auch wenn unsere kulturelle Prägung diese bevorzugt.

In einigen konventionellen Baby-Badezusätzen werden sogenannte PEG/PEG-Derivate als Tenside eingesetzt. Diese können die Haut durchlässiger für Fremdstoffe machen. Daher gilt auch hier: Weniger ist mehr!

SEIFENKRAUT-LAVENDEL-BAD

Das Seifenkraut ist reich an Saponinen, das sind waschaktive Substanzen, die einen natürlichen Schaum bilden. Außerdem ist noch ein Flavonglycosid enthalten, dem bakterien-, pilz- und virenhemmende Eigenschaften zugesprochen werden. Seifenkraut wurde vermutlich schon in der Jungsteinzeit verwendet. Im Mittelalter war Seifenkraut ein gängiges Waschmittel für Körper und Kleidung. Das Kraut wird auch heute noch als Feinwaschmittel für edle Stoffe und als Waschlotion für Allergiker verwendet.

Lavendel reinigt und beruhigt nicht nur die Haut, sondern hilft dem Baby, in den Schlaf zu finden.

Zutaten:
» *1 Handvoll geschnittenes Seifenkraut*
» *1 Handvoll Lavendel*

Zubereitung:
– Einen halben Liter Wasser abkochen, das geschnittene Seifenkraut (Blüten, Blätter und Stängel) hineingeben und so lange ohne Deckel weiterkochen, bis die Hälfte des Wassers verdunstet ist.
– Dann einen halben Liter heißes, destilliertes Wasser über den Lavendel gießen, 30 Minuten ziehen lassen und so einen wässrigen Kräuterauszug bereiten.
– Beide Kräutersude durch einen feinen Filter sieben und in einer Flasche mischen.

Info/Anwendung:
Eine Tasse des Badezusatzes dem Badewasser beifügen. Eventuell die Wassertemperatur nochmals überprüfen. Das Baby für 10 bis 20 Minuten baden, danach mit einem warmen Handtuch sanft trocken tupfen.
Der Badezusatz sollte innerhalb von 2 bis 3 Wochen aufgebraucht werden.

SEIFENKRAUT

SANFT SCHÄUMENDER HAMAMELIS-BADEZUSATZ

Manchmal ist es nötig, dass eine intensivere Reinigung vorgenommen werden muss. Zum Beispiel nach dem Besuch im Schwimmbad, um die Rückstände des Chlorwassers abzuwaschen. Auch schmutzige kleine Hände und Füße können mit dem Badezusatz sanft gereinigt werden.

Zutaten Fettphase:

» *9 g Olivenöl*
» *3 g Jojobaöl*
» *5 g Emulsan*

Zutaten Wasserphase:

» *50 g Hamamelishydrolat*
» *2 g Honig*

Zutaten Tenside:

» *20 g Coco Glucosid*

Zubereitung:

– Mandelöl, Jojobaöl und Emulsan in das Becherglas geben und unter ständigem Rühren auf der Herdplatte klar aufschmelzen.
– Hamamelishydrolat auf circa 50° C erwärmen und den Honig darin auflösen.

... FÜR DIE GANZE FAMILIE

– Wasserphase in einem dünnen Strahl unter ständigem Rühren in die Fettphase einfließen lassen. Nun das Tensid in einem dünnen Strahl dazugeben. Mit dem Spatel rühren, bis eine stabile Emulsion entstanden ist.

Info/Anwendung:

Eine kleine Menge des Badezusatzes dem Badewasser beimengen. Das Baby für 10 bis 20 Minuten baden, danach mit einem warmen Handtuch sanft trocken tupfen. Das Hamamelishydrolat und der Honig tragen etwas zur Haltbarkeit bei, daher ist der Badezusatz 3 bis 4 Wochen haltbar.

RINGELBLUMEN-KAMILLEN-BADEZUSATZ

Zubereitung/Anwendung:
- Getrocknete oder frische Ringelblumenblüten und Kamillenblüten in einen Teebeutel füllen.
- Diesen für eine halbe Stunde in heißem Wasser ziehen lassen.
- Den Kräuterauszug dem Badewasser beimengen. Eventuell die Wassertemperatur nochmals überprüfen.
- Das Baby für 10 bis 20 Minuten baden, danach mit einem warmen Handtuch sanft trocken tupfen.

Info:
Der Badezusatz kann auch auf Vorrat hergestellt werden. Entweder werden kleine Säckchen aus Baumwoll-Gaze genäht oder Teefilter aus naturbraunem Papier verwendet werden. Diese werden dann mit der Kräutermischung befüllt, beschriftet und bis zur Verwendung geschützt aufbewahrt. Solche Kräuterbad-Säckchen sind auch ein schönes Geschenk. Es sollten jedoch nur getrocknete Kräuter verwendet werden.

MILCH-HONIG-KAMILLEN-SITZBAD

Trotz fürsorglicher Pflege kann es vorkommen, dass der Windelbereich des Babys wund wird. Ein Sitzbad kann hier rasche Abhilfe schaffen.

Zutaten:
» *50 g Milch (vorzugsweise Ziegenmilch)*
» *5 g getrocknete Kamillenblüten*
» *1 Esslöffel Honig*

Zubereitung:
- Milch auf etwa 40° C erwärmen und den Honig darin auflösen.
- Die Kamillenblüten in einen Teebeutel füllen. Diesen in einer Tasse mit etwa 70° C heißem Wasser für 10 Minuten ziehen lassen.
- Den Kamillenaufguss mit der Honigmilch mischen und in das Sitzbad einrühren.

Anwendung:
Das Baby für ungefähr 10 Minuten bei einer Wassertemperatur von etwa 37° C in das Bad setzen. Dabei den Windelbereich mit einem Handwaschlappen sanft reinigen.
Zum Schutz vor neuen Reizen sollte die gut trocken getupfte Haut mit einer Wundsalbe eingecremt werden.

SALBEI-HONIG-SITZBAD

Zutaten:

» 5 g getrocknete oder frische Salbeiblätter

» 1 Esslöffel Honig

Zubereitung:

– Die Salbeiblätter in einen Teebeutel füllen.

– Diesen in einer Tasse in etwa 70° C heißem Wasser für 10 Minuten ziehen lassen.

– Dann den Honig im Salbeiaufguss auflösen und schließlich den Badezusatz in das Sitzbad einrühren.

Anwendung:

Das Baby für ungefähr 10 Minuten bei einer Wassertemperatur von etwa 37° C in das Bad setzen. Dabei den Windelbereich mit einem Handwaschlappen sanft reinigen.
Zum Schutz vor neuen Reizen sollte die trocken getupfte Haut mit einer Wundsalbe eingecremt werden.

ALOE-VERA-HONIG-SITZBAD

Zutaten:

» 25 g Aloe-Vera-Gel

» 1 Esslöffel Honig

Zubereitung:

– Das Aloe-Vera-Gel sanft auf ungefähr 30° C erwärmen.

– Dann den Honig darin auflösen und schließlich in das Sitzbad einrühren.

Anwendung:

Das Baby für ungefähr 10 Minuten bei einer Wassertemperatur von etwa 37° C in das Bad setzen. Dabei den Windelbereich mit einem Handwaschlappen sanft reinigen.
Zum Schutz vor neuen Reizen sollte die trocken getupfte Haut mit einer Wundsalbe eingecremt werden.

BERUHIGENDES LAVENDEL-SALBEI-WOHLFÜHLBAD

Zubereitung/Anwendung:
- Getrocknete oder frische Salbei-blätter und Lavendelblüten in einen Teebeutel füllen.
- Diesen für eine halbe Stunde in heißem Wasser ziehen lassen.
- Den Kräuterauszug dem Badewasser beimengen. Eventuell die Wasser-temperatur nochmals überprüfen.
- Das Baby für 10 bis 20 Minuten baden, danach mit einem warmen Handtuch sanft trocken tupfen.

Info:
Der Badezusatz kann auch auf Vorrat her-gestellt werden. Entweder werden kleine Säckchen aus Baumwoll-Gaze genäht oder Teefilter aus naturbraunem Papier verwendet. Diese werden mit der Kräuter-mischung befüllt, beschriftet und bis zur Verwendung geschützt aufbewahrt.
Solche Kräuterbad-Säckchen sind auch ein schönes Geschenk. Es sollten jedoch nur getrocknete Kräuter verwendet werden.

ENTSPANNENDES UND HEILUNGSFÖRDERNDES LINDENBLÜTEN-BAD

Zubereitung/Anwendung:
- Getrocknete oder frische Linden-blüten in einen Teebeutel füllen.
- Diesen für eine halbe Stunde in heißem Wasser ziehen lassen.
- Den Kräuterauszug dem Badewasser beimengen. Eventuell die Wasser-temperatur nochmals überprüfen.
- Das Baby für 10 bis 20 Minuten baden, danach mit einem warmen Handtuch sanft trocken tupfen.

Info:
Lindenblüten enthalten Saponine, das sind milde waschaktive Substanzen, die einen feizen Schaum bilden. Außerdem wirkt das in geringen Mengen enthaltene äthe-rische Öl entspannend, wundheilend und entkrampfend.
Der Badezusatz kann auch auf Vorrat her-gestellt werden. Entweder werden kleine Säckchen aus Baumwoll-Gaze genäht oder Teefilter aus naturbraunem Papier verwen-det. Diese werden mit den getrockneten Lindenblüten befüllt, beschriftet und bis zur Verwendung geschützt aufbewahrt.

KRÄUTER- UND GETREIDEKISSEN –

traditionelle Hausmittel in einem modernen Kontext

Kräuter- und Getreidekissen sind bewährte Hausmittel in der Baby- und Kleinkindpflege. Als trockene Wärmespender geben sie diese gut dosiert ab und passen sich der Körperform an. Es gibt kein Auslaufen oder gar Verbrühen wie bei Wasserwärmeflaschen. Angereichert mit ausgesuchten Kräutern fördern sie den Schlaf und unterstützen das Wohlgefühl des Babys.

Das Innenkissen muss stets fest und gut vernäht sein, damit der Inhalt nicht austreten kann. Der Kissenbezug sollte gut waschbar sein und bei der Wahl der Stoffe sollte auf Kunstfasern sowie giftige Bleich-und Farbstoffe verzichtet werden. Ich empfehle Bio-Baumwolle oder Schurwolle-Seide-Mischungen in Bio-Qualität. Die Gestaltung der Kissen lässt viel Raum für kreative Designs. Vom einfachen, praktischen Kissen bis hin zur Ausarbeitung als Kuscheltier sind der Fantasie keine Grenzen gesetzt.

Die Füllungen der hier vorgestellten Kissen sind nicht waschbar und sollten nach einigen Monaten ausgetauscht werden.

Besonders bewährt haben sich Dinkelspelz, Traubenkerne, Johannisbeerenkerne und Holunderbeerenkerne. Ich bevorzuge feinere Kerne, da diese die Wärme besser speichern.

An dieser Stelle möchte ich ein paar Worte über Babytextilien und Wäsche verlieren. Sowohl die Kleidung als auch die Bettwäsche sollten nicht schadstoffarm, sondern schadstofffrei sein!

Schaumstoffmatratzen sind nur eine preiswerte Alternative zu Naturkautschuk-, Rosshaar- oder Kokosfasermatratzen.

Noch immer wird das giftige Halbmetall Antimon zur Produktion von Polyesterfasern in Babymatratzen eingesetzt.

(Quelle: Ökotest, Juni 2015)

KRÄUTERKISSEN GEGEN BAUCHKRÄMPFE

Zutaten:

» *1 Stück Baumwollstoff*
» *250 g Dinkelspelz*
» *10 g getrockneter Fenchelsamen*
» *10 g getrocknete Kamillenblüten*

Herstellung:

– Aus dem Baumwollstoff eine Kissen-hülle von ungefähr 20 x 20 cm Größe nähen.
– An einer Seite eine Öffnung lassen und mit Dinkelspelz, Fenchelsamen und Kamillenblüten füllen.
– Die Öffnung schließen. Das Innen-kissen mit einem Überzug versehen.

Anwendung:

Das Kissen zum Erwärmen in den Back-ofen oder auf die Heizung legen. Von ei-ner Erwärmung in der Mikrowelle rate ich ab, da die Füllung stark austrocknet. Nach einer Temperaturprobe auf der In-nenseite des eigenen Handgelenks dem Baby auf den Bauch legen.

WÄRMEKISSEN GEGEN SCHMERZEN BEIM ZAHNEN

Zutaten:

» *1 Stück Baumwollstoff*
» *100 g Traubenkerne*
» *10 g getrocknete Kamillenblüten*

Herstellung:

– Aus dem Baumwollstoff eine Kissen-hülle von ungefähr 20 x 20 cm Größe nähen.
– An einer Seite eine Öffnung lassen und mit den Traubenkernen und Kamillenblüten füllen.
– Die Öffnung schließen. Das Innen-kissen mit einem Überzug versehen.

Anwendung:

Das Kissen zum Erwärmen in den Back-ofen oder auf die Heizung legen. Von ei-ner Erwärmung in der Mikrowelle rate ich ab, da die Füllung stark austrocknet. Nach einer Temperaturprobe auf der In-nenseite des eigenen Handgelenks dem Baby neben den Kopf legen.

GUTE-NACHT-KISSEN

Zutaten:
» *1 Stück Baumwollstoff*
» *100 g Holunderbeerenkerne*
» *5 g getrocknete Lavendelblüten*
» *5 g getrockneter Waldmeister*
» *5 g getrocknete Hopfenblüten*
» *5 g getrocknete Melisseblätter*

Herstellung:
– Aus dem Baumwollstoff eine Kissenhülle von ungefähr 40 x 40 cm Größe nähen.
– An einer Seite eine Öffnung lassen und mit den Holunderbeerenkernen und Kräutern füllen.
– Die Öffnung schließen. Das Innenkissen mit einem Überzug versehen.

Anwendung:
Das Kissen leicht im Backofen oder auf der Heizung erwärmen und etwas aufschütteln. Von einer Erwärmung in der Mikrowelle rate ich ab, da die Füllung stark austrocknet. Nach einer Temperaturprobe auf der Innenseite des eigenen Handgelenks dem Baby neben oder unter den Kopf legen.

DINKELSPELZ-STILLKISSEN

Zutaten:
» *1 Stück Baumwollstoff*
» *500 g Dinkelspelz*
» *je 20 g getrocknete Anissamen, Hopfenblüten, Kamillenblüten, Lavendelblüten*
» *10 g getrockneter Waldmeister*

Herstellung:
– Aus dem Baumwollstoff einen Schlauch von ungefähr 1400 x 60 cm Größe nähen.
– An einer Seite eine Öffnung lassen und mit Dinkelspelz und den getrockneten Kräutern füllen.
– Die Öffnung schließen. Das Innenkissen mit einem Überzug versehen.

Anwendung:
Das flexible Stillkissen kann vielfältig eingesetzt werden. Während des Stillens wird es so drapiert, dass sowohl Mutter als auch Baby bequem gebettet sind. Es kann auch als Nestchen im Babybett verwendet werden.

Info:
Die Füllung aus Dinkelspelz nimmt sehr viel Feuchtigkeit auf und gibt diese auch wieder nach dem Lüften ab. Die im Dinkelspelz enthaltene Kieselsäure hemmt die Ausbreitung von Hausstaubmilben.

KRÄUTERSÄCKCHEN

für einen erholsamen Schlaf

Einige Kräuter waren in früheren Zeiten unter dem Namen „Frauen-Bett-stroh" bekannt. Die mit Stroh gefüllten Matratzen wurden mit frischen Kräutern angereichert. Die duftenden Kräuter entspannten die Mütter, beruhigten die Neugeborenen und förderten so das Wohlbefinden. Die ätherischen Öle wirkten zudem antiseptisch.

Folgende Kräuter sind beruhigend und können verwendet werden:
Anis, Fenchel, Holunderblüten, Hopfen, Labkraut, Lavendel, Lindenblüten, Melisse, Salbei, Thymian und Waldmeister.

Die Herstellung von Kräutersäckchen ist ebenso einfach wie die Anwendung. Die Säckchen können entweder selbst genäht oder gehäkelt werden. Es werden aber auch fertige Baumwollsäckchen preiswert zum Kauf angeboten. Die Kräuter werden leicht angetrocknet, in das Säckchen gefüllt und in der Nähe des Bettchens aufgehängt. Die Mischung und Zusammensetzung können Sie selbst bestimmen.

WALDMEISTER

Lassen Sie Ihr Kind die köstliche Wald-
luft schnuppern, wenn der Waldmeister
den Waldboden bedeckt. Ab April ver-
strömt er seinen typischen, süßen Duft,
der sich nach dem Trocknen der Pflanze
vollständig entfaltet.

Ein mit Waldmeister gefülltes Kräutersäckchen hält Motten fern und schmeichelt
der Nase. Der liebliche Duft verbreitet eine
heitere Stimmung, daher war der Waldmeister früher unter dem Namen „Frauen-
Bettstroh" oder auch „Maria Bettstroh"
bekannt.

WALDMEISTER

HOLUNDERBLÜTEN

Im Mai zieren die üppig blühenden Dol-
den des Holunders die Weg- und Wald-
ränder. Die Blüten sollten um die Mittagszeit an trockenen Tagen geerntet werden,
damit sie für die Weiterverarbeitung nicht
schimmeln.

Der „Holderbusch" ist ein magischer
Baum, früher pflanzte man ihn oft zum
Schutz gegen böse Geister und gegen
den Blitzeinschlag als Hausbaum. Er galt
als Wohnstatt der germanischen Göttin
Holder oder Holla, die uns aus dem Märchen als Frau Holle bekannt ist. Als eine
der germanischen Hauptgöttinnen hatte sie aber weit mehr Bedeutung, als im
Märchen der Gebrüder Grimm erzählt
wurde. Als lichtweisende, gerechte Mut-
tergöttin, aber auch als dunkle Todbrin-
gende brachten ihr die Germanen Opfer
unter dem Holunderbaum dar.

ECHTES LABKRAUT

Wie auch der Waldmeister gehört das Echte Labkraut zu den Bettstrohkräutern. Ab Juli gedeiht er an Wegrändern, aud Weiden und Wiesen und verbreitet einen honigähnlichen, süßen Duft. Im angelsächsischen Raum heißt das Labkraut noch heute „Lady's Bedstraw". Seinen Namen verdankt das Labkraut dem Labferment, das in der Pflanze enthalten ist. Noch heute wird das Labkraut zur Herstellung des echten englischen Chesterkäses genutzt.

LABKRAUT

LINDENBLÜTEN

Im Juli trägt die Sommerlinde zwischen ihren herzförmigen Blättern zarte Blüten, die mit ihrem süßen Duft die Bienen anlocken. Etwas später blüht die Winterlinde, deren Blüten wie die Sommerlinde geringe Mengen ätherisches Öl enthalten. Lindenblüten wirken entspannend, wundheilend, entkrampfend und schlaffördernd.

QUENDEL – WILDER THYMIAN

Der Quendel ist der wilde Verwandte des Gartenthymians. Kaum ein Kraut gedeiht so gut an trockenen, kargen und steinigen Plätzen wie er. Im Sommer erblüht er violett und breitet sich zu großen, herb duftenden Kissen aus.
Quendel oder Feldthymian ist das dritte Hauptgewürz in der Hildegard-Küche. Der Hauptwirkstoff des Quendels ist ein ätherisches Öl, das unter anderem beruhigend und krampflösend wirkt. Der wilde Thymian gehört zu den traditionellen Bettstrohkräutern.

Sollten Sie keinen Quendel finden, dann erzielen Sie mit Gartenthymian die gleiche Wirkung.

GESUNDE PFLEGE
IN DER SCHWANGERSCHAFT

Einer Studie des BUND (Bund für Umwelt und Naturschutz e.V. Deutschland) aus dem Jahr 2013 zufolge, enthält rund ein Drittel aller Kosmetikprodukte hormonähnliche Stoffe. Hormonell wirksame Substanzen agieren im Körper wie natürliche Hormone und beeinflussen ihn auf unterschiedliche Weise. Entweder sie binden sich an Stellen im Körper, die eigentlich für eine körpereigene Substanz vorgesehen sind, und lösen dort die gleiche Reaktion aus wie der körpereigene Stoff. Oder sie blockieren die Bindestellen der Hormone im Körper.

Vor allem Parabene in Kosmetik (Konservierungsstoffe) gelangen über die Haut in die Gebärmutter. So erreichen diese Stoffe auch den sich entwickelnden Fötus und werden im Blut von Neugeborenen ebenso nachgewiesen wie in der Muttermilch.

Gemeinsam mit anderen europäischen Umweltschutzorganisationen möchte der BUND erreichen, dass alle relevanten Gesetzgebungen so angepasst werden, dass hormonell wirksame Chemikalien nicht mehr in Alltagsprodukten eingesetzt werden dürfen. Ich habe die Diskussion darüber mit großem Interesse verfolgt. Es ist nicht nur für Laien schwierig, eine sachliche Bewertung der Risikofaktoren vorzunehmen. Verbraucherschützer sprechen sich für Verbote von fraglichen Kosmetikzusätzen aus, während einige Wissenschaftler anzweifeln, ob die enthaltenen Mengen hormonartiger Substanzen überhaupt ausreichen, um schädlich zu wirken.

Warum warten, bis fragliche Inhaltsstoffe verboten oder durch andere bedenkliche Zutaten ausgetauscht werden? Schlussendlich hat sich für mich bestätigt, dass selbst gerührte Kosmetik der sicherste Weg zur Erhaltung der Gesundheit ist. Bei selbst hergestellter Kosmetik können Sie vor belastenden Substanzen für sich und Ihr ungeborenes Kind sicher sein.

Nachfolgend stelle ich Ihnen einige Rezepte für Pflegeprodukte während der Schwangerschaft vor. Die Herstellung und Anwendung machen Spaß und die Wartezeit bis zur Geburt wird sinnvoll genutzt.

RINGELBLUMEN-KÖRPERSAHNE

Die hormonellen Umstellungen in der Schwangerschaft lockern das Bindegewebe, damit die Bauchdecke sich dehnen kann. Sie können Ihre Haut bei dieser Schwerarbeit mit Massagen und intensiver Pflege unterstützen.

Dennoch ärgert es mich, dass Schwangerschaftsstreifen stets mit negativen Adjektiven genannt werden: hässlich, unliebsam und unschön. Ich nehme meine Schwangerschaftsstreifen gelassen, sie sind die Erinnerungen an die Zeit, in der ich meine Söhne bei mir trug. Mein jüngster Sohn ist der Meinung, dass jeder Held Narben haben muss – egal ob Harry Potter oder Anakin Skywalker. So auch die Heldin des Alltags!

Zutaten:

» *60 g Sheabutter*
» *20 g Ringelblumenöl auf Sesamölbasis*
» *20 g Weizenkeimöl*
» *2 Tropfen ätherisches Mandarinenöl*
» *2 Tropfen Orangenöl*
» *1 Teelöffel Honig*

Zubereitung:

– Sheabutter leicht erwärmen, bis sie weich ist, jedoch nicht schmelzen.
– In einer hohen Rührschüssel mit dem Mixer wie Schlagsahne aufschlagen.
– Ringelblumenöl und Weizenkeimöl leicht erwärmen und Honig darin auflösen.
– Dann in einem dünnen Strahl in die aufgeschlagene Sheabutter mit dem Mixer einarbeiten.
– Zum Schluss die ätherischen Öle unterrühren.

Anwendung/Info:

Mit sanften, kreisenden Bewegungen auf Bauch, Schenkel und Po einmassieren. Sheabutter ist ein wirksames Mittel gegen Cellulitis und beugt Dehnungsstreifen vor. Weizenkeimöl enthält viel Vitamin E und verbessert so die Elastizität der Haut. Durch die Massage mit Körpersahne wird der Juckreiz der gespannten Haut gemindert und das allgemeine Wohlbefinden gesteigert.

FESTE MASSAGEBUTTER

Zutaten:

» *30 g Sheabutter*
» *30 g Mangobutter*
» *25 g Jojobaöl*
» *10 g Mandelöl*
» *20 g Kakaobutter*
» *5 g Wildrosenöl*
» *2 Tropfen ätherisches Mandarinen-
    oder Orangenöl*

Zubereitung:

– Jojobaöl und Mandelöl sanft erhitzen,
  bis die Mischung klar ist.
– Vom Herd nehmen und Sheabutter,
  Mangobutter und Kakaobutter darin
  aufschmelzen.
– Zum Schluss das Wildrosenöl und das
  ätherische Öl unterrühren.
– In kleine Formen füllen und zum Aus-
  härten in den Kühlschrank stellen.
– Nach dem Ausformen in Frischhalte-
  folie einpacken und kühl aufbewahren. Die Massagebutter kann auch
  eingefroren werden, so bleibt sie sehr
  gut haltbar.

Anwendung:

Nach einem Bad oder der Dusche auf die
noch warme Haut mit kreisenden Bewegungen einmassieren.

ERFRISCHENDE KÖRPERLOTION

Zutaten Fettphase:

» *10 g kalt gepresstes Olivenöl*
» *10 g Mandelöl*
» *7 g Sheabutter*
» *6 g Emulsan*

Zutaten Wasserphase:

» *70 g Myrtenhydrolat*

Zubereitung:

– Die Zutaten der Fettphase (außer
  Sheabutter) erwärmen, bis sie klar
  geschmolzen sind.
– Danach vom Herd nehmen und die
  Sheabutter dazugeben.
– Das Hydrolat sanft erwärmen.
– Die Wasserphase in dünnem Strahl in
  die Fettphase einrühren. Rühren, bis
  eine stabile Emulsion entstanden ist.

ROSEN-KÖRPERBUTTER

Zutaten Fettphase:

» *36 g Kakaobutter*
» *36 g Sheabutter*
» *30 g Aprikosenkernöl*
» *4 g Bienenwachs*
» *10 g Emulsan*

Zutaten Wasserphase:

» *50 g Rosenhydrolat*

Zubereitung:

– Aprikosenkernöl, Bienenwachs und Emulsan sanft schmelzen.
– Vom Herd nehmen und Sheabutter und Kakaobutter einschmelzen.
– Rosenhydrolat erwärmen und in einem feinen Strahl unter Rühren in die Fette einfließen lassen.

HAMAMELIS-DAMM-MASSAGEBALSAM

Dieser Balsam sollte im letzten Drittel der Schwangerschaft regelmäßig angewendet werden. Durch die Massage wird das Gewebe gelockert und dehnungsfähiger. Die beruhigende Wirkung der Hamamelis lindert zudem Juckreiz im Analbereich.

Zutaten Fettphase:

» *12 g Mandelöl*
» *5 g Jojobaöl*
» *4 g Emulsan*

Zutaten Wasserphase:

» *20 g Hamamelishydrolat*
» *2 g Honig*

Zubereitung:

– Mandelöl, Jojobaöl und Emulsan erwärmen, bis die Fettphase klar geschmolzen ist.
– Honig im erwärmten Hydrolat auflösen.
– Die Wasserphase in dünnem Strahl in die Fettphase einrühren. Mit dem Spatel rühren, bis eine stabile Emulsion entsteht.

ROSEN

MILDES KRÄUTERFUSSBAD

Mit Fortschreiten der Schwangerschaft nimmt die Belastung für die Füße zu. Daher sollte den Füßen jetzt die nötige Aufmerksamkeit geschenkt werden. Die Fußpflege sollte in die tägliche Körperpflege eingebunden werden. Dies steigert das allgemeine Wohlbefinden und sorgt für Entspannung.

Der erste Schritt der wirksamen Fußpflege ist die Reinigung in Verbindung mit einem Fußbad. Als besonders erfrischende und durchblutungsfördernde Kräuter für die Füße gelten: Birkenblätter, Brennnessel, Majoran, Melisse, Pfefferminze, Rosmarin und Wacholderbeeren. Thymian, Johanniskraut und Kamille unterstützen die Heilung wunder Stellen an den Füßen.

Wer unter feuchten Füßen leidet, kann dem Fußbad adstringierende, schweißhemmende Kräuter zusetzen. Dies sind im Besonderen: Eichenrinde, Hamamelis, Lavendel und Salbei. Bei regelmäßiger Anwendung lassen sich so selbst hartnäckige Fälle von Schweißfüßen erfolgreich bekämpfen.

Da einige Kräuter die Gebärmutter anregen und so vorzeitige Wehen auslösen können, habe ich Rezepte entwickelt, die für Schwangere geeignet sind.

Zutaten:

» *1 Handvoll Kamillenblüten*
» *1 Handvoll Lavendelblüten*
» *1 Handvoll Rosmarinblätter*
» *1 Teelöffel Honig*

Zubereitung/Anwendung:

– Kräuter mit kochendem Wasser aufbrühen und 15 Minuten ziehen lassen.
– Honig im Kräutersud auflösen.
– Vor dem Beginn des Fußbades Temperatur kontrollieren und gegebenenfalls kaltes Wasser zufügen.
– Das Fußbad sollte 10 bis 20 Minuten dauern. Danach müssen die Füße, besonders die Zehenzwischenräume, mit einem Handtuch gut getrocknet werden. Nun sind die Füße bereit für die nachfolgende Pflegebehandlung.

ROSMARIN

PFLEGENDE FUSSBADEMILCH

Zutaten Fettphase:
» *20 g kalt gepresstes Kokosnussöl*
» *5 g Jojobaöl*
» *4 g Emulsan*

Zutaten Wasserphase:
» *20 g Lavendelhydrolat*
» *2 g Natron*
  (Kaiser-Natron oder Bullrichsalz)

Zutaten Wirkstoffphase:
» *2 Tropfen Lavendelöl*
» *2 Tropfen Zitronenöl*
» *2 Tropfen Mandarinenöl*
» *5 Tropfen Salbeiextrakt*

Zubereitung:
– Jojobaöl und Emulsan sanft schmel-
  zen und vom Herd nehmen.
– Danach das Kokosnussöl in die Fett-
  phase einschmelzen.
– Das Natron fein mörsern und in der
  Wasserphase auflösen.
– Diese ebenfalls leicht erwärmen und
  in dünnem Strahl in die Fettphase
  einrühren.
– Rühren, bis Handwärme erreicht ist.
– Danach die ätherischen Öle und
  Tinkturen beifügen.

Info:
Die Bademilch ist ausreichend für ungefähr fünf Fußbäder.
Die Bademilch pflegt versorgt die Füße
mit pflegenden Ölen. Besonders am Ende
der Schwangerschaft, wenn die Mobilität
eingeschränkt ist, kann dann auf eine
weitere Pflege verzichtet werden.

SALBEI

ROSEN-FUSSBALSAM

Das zusätzliche Gewicht und die verän-
derte Körperhaltung üben einen Druck
auf die Fußsohlen aus. Es wird mehr
Hornhaut gebildet, die sehr unangenehm
werden kann. Dieser Balsam wirkt selbst
gegen schmerzhafte Schrunden.

Zutaten Fettphase:
» *10 g Sheabutter*
» *10 g Mandelöl*
» *5 g Lanolin*
» *2 g Emulsan*
» *1 g Bienenwachs*

Zutaten Wasserphase:
» *10 g Rosenwasser*

Zutaten Wirkstoffe:
» *½ Teelöffel Honig*

Zubereitung:
– Bienenwachs, Lanolin, Mandelöl und
  Emulsam erwärmen, bis die Fettphase
  klar geschmolzen ist.
– Das Rosenwasser in einem getrennten
  Becherglas erwärmen und den Honig
  darin auflösen.
– Danach die Fettphase vom Herd neh-
  men und die Sheabutter einschmelzen.
– Die Wasserphase in dünnem Strahl in
  die Fettphase einrühren. Rühren, bis
  Handwärme erreicht ist.

GUT FÜR
MEINE FÜßE

ALTERNATIVE ZU KONVENTIONELLEN DEOS

In der Schwangerschaft wird der Körper mehr durchblutet. Daher kommt es zu einer Erhöhung der Körpertemperatur, was wiederum zu mehr abkühlendem Schwitzen führt.

Eine große Produktpalette von konventionellen Deodorants preisen Schutz vor Achselnässe an und versprechen ein lang anhaltendes Frischegefühl. Doch viele der gekauften Deos beinhalten umstrittene Aluminiumsalze. Diese stehen in Verdacht, die Entwicklung von Brustkrebs und Alzheimer-Erkrankung zu fördern. Daneben enthalten sie eine Vielzahl undurchsichtiger Inhaltsstoffe, die durch die empfindliche Haut in den Achselhöhlen in den Körper gelangen. Gerade in der Schwangerschaft sollten Sie diesen Risikofaktor meiden.

Seit 2006 gebe ich an verschiedenen Volkshochschulen Naturkosmetikkurse. Noch vor einigen Jahren hatte ich Mühe, den Teilnehmern zu vermitteln, den Gebrauch von konventionellen Deodorants kritisch zu überdenken.

Kaum jemand aus meinem Umfeld war bereit, das liebgewonnene Deo gegen eine selbst hergestellte Deocreme zu tauschen. Die Angst, durch starken Körpergeruch unangenehm aufzufallen, war nicht auszuräumen. Doch mein Mann stellte sich der Herausforderung und ich muss vorab schreiben, dass mein Mann wirklich heftig schwitzt. Doch selbst wenn er völlig nassgeschwitzt ist, riecht er nicht streng, denn frischer Schweiß ist beinahe geruchsneutral. Er testete all meine „Deo-Ersatzmittel" geduldig und wurde meine liebste Versuchsperson. Aufgrund seiner Erfahrungen konnte ich mehrere gut wirksame Rezepturen erstellen.

Ich habe nur einmal in meiner frühen Jugend – das war in den 70er-Jahren – ein Deo verwendet. Damals erlag ich der eindringlichen Werbebotschaft und besprühte mir die Achseln. Diese trockneten dann so sehr aus, dass sie schmerzhaft zu jucken begannen. Seitdem verzichte ich auf jegliche Deodorants und trotzdem rieche ich nie verschwitzt. Ich wasche mich morgens und abends mit einem Waschlappen unter den Achseln, trage nur Kleidung aus Naturfasern, verzichte auf üppige Speisen und trinke keinen Alkohol. Das Letztere sollten Sie in der Schwangerschaft sowieso meiden.

Nach dem Entfernen der Achselhaare mit einer milden Rasierseife sprühe ich mir etwas Lavendelhydrolat auf die frisch rasierte Haut. Dieses wirkt auch sehr erfrischend für müde Beine oder in der Sommerhitze als Gesichtsspray. Wer den

Duft von Lavendel nicht so gerne mag, der kann auch Pfefferminzhydrolat oder Rosenhydrolat verwenden. Der dezente Duft der Hydrolate schmeichelt sanft der Nase und wirkt nicht so aufdringlich wie Parfüm.

Hier möchte ich eine unbedenkliche Alternative zu konventionellen Deos vorstellen, die einfach herzustellen ist.

LAVENDEL

DEOMILCH

Zutaten Fettphase:
» *20 g kalt gepresstes Kokosnussöl*
» *5 g Jojobaöl*
» *3 g Emulsan*

Zutaten Wasserphase:
» *10 g Lavendelhydrolat*
» *2 g Natron*
   (Kaiser-Natron oder Bullrichsalz)

Zutaten Wirkstoffphase:
» *2 Tropfen Zitronenöl*
» *2 Tropfen Mandarinenöl*

Zubereitung:
– Jojobaöl und Emulsan sanft schmelzen und vom Herd nehmen.
– Danach das Kokosnussöl in die Fettphase einschmelzen.
– Das Natron fein mörsern und in der Wasserphase auflösen.
– Diese ebenfalls leicht erwärmen und in dünnem Strahl in die Fettphase einrühren.
– Rühren, bis Handwärme erreicht ist.
– Danach die ätherischen Öle beifügen.
– Die Deomilch in einen Pumpzerstäuber füllen.

Umsetzung

DIE PRAKTISCHE UMSETZUNG
IM ALLTAG

Sie möchten für Ihr Baby eine gesunde, natürliche Hautpflege, doch Sie sind sich noch unsicher, ob Sie sich wirklich an die hausgemachte Herstellung wagen sollen?

Ich empfehle Ihnen daher, dass Sie sich bereits in der Schwangerschaft mit den käuflichen Pflegeprodukten vertraut machen. Lesen Sie sich in Ruhe die Inhaltsstoffe durch und recherchieren Sie, was sich hinter den wissenschaftlichen Namen verbirgt. Sie werden schnell feststellen, dass konventionelle Pflegeprodukte alles andere als natürlich sind. Eine echte Alternative sind Naturkosmetikprodukte, die jedoch deutlich teurer sind.

Doch diese Konsumabhängigkeit können Sie umgehen, wenn Sie schrittweise herkömmliche Kaufartikel durch selbst hergestellte Produkte ersetzen. Beginnend mit einem Massageöl, das leicht und schnell gemischt ist, können Sie sich selbst und Ihren Partner schon in der Schwangerschaft verwöhnen. Machen Sie sich mit den einzelnen nativen Pflanzenölen und deren Düften vertraut.

Alle der im Buch verwendeten Öle können in der Apotheke oder gar im Supermarkt erworben werden.

Die Reinungsfluids haben ebenfalls eine einfache Rezeptur und können wie feuchtes Toilettenpapier verwendet werden.

Cremen, Salben und Badezusätze können Sie auch schon vor der Geburt „proberühren" und die Herstellung einüben. Es lohnt sich, die Kosmetikherstellung in den Alltag zu integrieren.

Bei den hinten angegebenen Bezugsquellen können Sie alle von mir verwendeten Rohstoffe bestellen. Suchen Sie sich zuhause in Ruhe ein paar Rezepte aus und stellen Sie sich, darauf basierend, Ihren Einkaufszettel zusammen.

BEZUGSQUELLEN

www.jean-puetz-produkte.de
www.behawe.com

Hobbythek:
Cremes und sanfte Seife
von Jean Pütz und Christine Niklas,
erschienen im Bertelsmann-Verlag,
1987

Naturkosmetische Rohstoffe:
Wirkung, Verarbeitung,
kosmetischer Einsatz
von Heike Käser,
erschienen im Freya-Verlag

Kosmetik-Inhaltsstoffe
von A bis Z:
Der kritische Ratgeber
von Helene Knieriemen-Suter
und Heinz Knieriemen,
erschienen im AT-Verlag,
2005

Rezeptbuch für handgemachte
Naturkosmetik
von Inés Hermann,
erschienen im Waldfaun-Verlag,
2010

ÜBER DIE AUTORIN

Inés Hermann ist 1961 auf der Schwäbischen Alb geboren und der Heimat treu geblieben. Sie ist Ehefrau, Mutter von 5 Söhnen, Großmutter von 2 Enkelkindern, Filzerin, Selbermacherin, Naturfreundin, Wanderin, Kräutersammlerin, Kometikrührerin, Seifensiederin, fantastische Rollenspielerin, Bücherliebhaberin, Nostalgikerin, Umweltschonerin, Wiederverwerterin und Ideenanhäuferin, die sich mehr Zeit wünscht.

Ingrid Kleindienst-John

SOS Hustenzwerg
Ätherische Öle und Kräuter für Kinder von 0–12

Kräuter können auch Kindern gute Dienste leisten – nur muss man wissen, welche Pflanze ab welchem Lebensalter die richtige ist. Dies ist das erste Buch mit einer umfassenden Auflistung jener Kräuter, die für Babys, Kleinkinder, Schulkinder oder Teenager einsetzbar sind.

Omas, Mamas und Papas lernen gemeinsam mit den Kindern den richtigen Umgang mit den Schätzen der Natur, mit ätherischen Ölen, Hydrolaten, Tees und vielen anderen Kräuterpräparaten, die auf die Bedürfnisse junger Familien abgestimmt sind.

ISBN 978-3-99025-159-1

Silvia Zweimüller

DIY Heilsalben
Natürlich gesund

Die Natur stellt einzigartige Hilfsmittel zur Verfügung, die sich für die Herstellung vieler traditioneller Basis-Rezepte aus der Volksheilkunde wunderbar eignen.

Die Einrichtung der persönlichen „Salbenküche" hat viele Vorteile. Man weiß genau, was in einem Balsam oder einer Creme enthalten ist, kann selbst gesammeltes Pflanzengut sinnvoll verwerten und rührt nur so viel, wie man braucht. Kinder machen beim Salbenkochen gerne mit, somit bleibt altes Wissen dauerhaft lebendig.

ISBN 978-3-99025-219-2